Harald Klemm •
• Reinhard Winkler
Masken

harald klemm •
• reinhard winkler

masken

gesichter hinter dem gesicht

persönlichkeitsentfaltung und therapie
in der arbeit mit masken

zytglogge

Dank

Unser Dank gilt Katharina Weidenfeller und Dr. Dietrich Schuchardt, Renate Neuser und Malou Eberspächer, die viele der schönen Fotos eingefangen haben. Ein ganz besonderer Dank unseren Seminarteilnehmern und -teilnehmerinnen, besonders denjenigen unter ihnen, die uns gestatten haben, ihre Masken und Texte zu veröffentlichen.
Großen Dank an Christel Wiche für die Textbearbeitung, in die sie viel Mühe und Zeit investiert hat. Gemeinsam danken wir auch Caecilia Ebeling, unserer Lektorin, die mit Liebe und Geduld unsere unterschiedlichen Ansätze zusammenführte und damit dieses Buch aus der Taufe hob.

Danken möchte ich meinen Eltern, die mir die Wurzeln gaben. Meiner Gefährtin Malou, die mich kritisch berät und unterstützt. John Graham, der mir den Mut gab, so zu sein, wie ich bin. Laura Sheleen, die mir half, Struktur zu akzeptieren. Schwester Ruth Benz, die mich zur Liebe hinführte. Meinen SeminarteilnehmerInnen, von denen ich das meiste gelernt habe, was ich über Masken weiß. Zuletzt danke ich meinen Masken, daß sie mir geholfen haben, mich zu einem Menschen zu entwickeln.
Reinhard Winkler

Mein Dank gilt Monika Möhr-Jundt für die langjährige Zusammenarbeit auf dem Gebiet Masken, Musik und Tanz und ihre Mitarbeit an dem Kapitel «Theater des Seins» und meinen Lehrern und Begleitern in dieser Zeit: Prof. Dr. Albrecht Müller-Schöll, der die Maskenarbeit viele Jahre lang begleitete und förderte; Dr. Eberhard Schäffer, der mich die gestalttherapeutische Dimension lehrte; Heino Brüll, der mir über Kinesiologie einen Einblick in die geistige Dimension der Masken vermittelte; Bruno Meier, Johanna Dederich und Dr. Jochen Hillebrandt, die mich in Rückführung, Lichtarbeit und der Arbeit mit dem Höheren Selbst unterwiesen; schließlich Pir Vilayat Inayat Khan, bei dem ich viele Jahre Wege der Gottesfindung in den verschiedenen Religionen studieren konnte.
Harald Klemm

Lektorat: Caecilia Ebeling
Umschlagfoto: Katharina Weidenfeller
Satz und Gestaltung: Zytglogge Verlag Bern, Katja Leudolph, Edith Biedermann
Druck: Proost N.V., Turnhout/Belgien
Photolithos: Litoservice, Milano/Italien
ISBN 3-7296-0512-7
Zytglogge Verlag Bern, Eigerweg 16, CH-3073 Gümligen

Inhalt

Einleitung

Heute gibt es viele Bücher über Masken; Masken in den verschiedenen Kulturen, Maskenbaumethoden, Maskenspiele, Maskentheater sowie Fastnacht – wir nehmen an einer Renaissance der Masken teil.

Warum wird die Maske heute wieder so aktuell?

Die Maske liegt im Schnittpunkt verschiedener Aktivitäten und Interessensbereiche wie Kunst, Theater, Therapie, Mythologie, Religion und Ethnologie. Alle diese Bereiche haben mehr oder weniger etwas mit Masken zu tun.

Wir wollen in diesem Buch nicht über Handwerkliches und Spielmöglichkeiten schreiben, denn darüber gibt es inzwischen genug Bücher. In diesem Buch wollen wir einen Einblick in Vorgänge der Maskenarbeit geben: vom Maskenbau und Maskenspiel über Therapie mit Masken bis zur Erfahrung, etwas vom tieferen Lebenshintergrund zu entdecken und zu erleben.

Der Kreis der verhüllten Masken.

Die Maske ist keine Maskierung, keine Verkleidung. Sie ist eher mit einer Einweihungshöhle zu vergleichen, in der man sich verwandeln kann und Einblick in nicht offensichtliche Vorgänge im eigenen Leben und im menschlichen Leben überhaupt bekommt.

Wir arbeiten seit über 20 Jahren mit Masken und führen Maskentheater- und Selbsterfahrungsseminare durch. Wir haben uns oft auch selbst von unseren Masken führen lassen und sie als Lehrer für die persönliche Entwicklung schätzen gelernt. Anfangs erlebten wir, wie wir mit den Masken alles spielen konnten, was wir wollten, aber mit jeder weiteren Maske, die in den Jahren entstand, wurde deutlicher, daß Masken auch ein Eigenleben haben. Sie erscheinen als eigene Wesen und haben mit uns Erbauern etwas zu tun.

Die Maskenerfahrungen führten uns über psychologische Gesichtspunkte, die sich mit der Persönlichkeit beschäftigen und die Maske z. B. als ‹Schatten› sehen, weiter in transpersonale Bereiche. Es eröffneten sich Zusammenhänge zu Mythologie und Mystik.

Dabei sind wir verschiedene Wege gegangen – mit Berührungspunkten, Übereinstimmungen und gegensätzlichen Ansichten – die wir als Bereicherung begreifen und in diesem Buch nebeneinander bestehen lassen.

Im Kapitel I führen wir in die Thematik ein. Die Kapitel II und III sind der Maskenarbeit gewidmet, so wie wir sie mit der Zeit entwickelt haben. Diese Arbeit reicht von der Schöpfung der Maske über das Entdecken der Gestalt und die Verwandlung bis zum therapeutischen Maskenspiel. Die Kapitel IV bis VII gehen dann in verschiedene Themen und Wege in der Arbeit mit Masken. Das Kapitel VIII enthält ein Beispiel für einen Entwicklungsweg mit Masken. Kapitel IX zeigt einen Ausblick auf die Maske als heilenden Ausdruck des menschlichen Organismus.

I.
Gesicht und Maske

«... alles Gebildete in der Natur liegt in uns vorgebildet, stammt aus der Seele, deren Wesen Ewigkeit ist, deren Wesen wir nicht kennen, das sich uns aber meist als Liebeskraft und Schöpferkraft zu fühlen gibt.»*

Das Gesicht – die Maske des Alltags

Das Gesicht, das wir nach außen hin zeigen, ist die Maske, die wir im Alltag tragen, und sie ist auch durch den Alltag geprägt. Indem wir bestimmte Rollen spielen, wird auch unser Gesicht zur mitspielenden Alltagsmaske. Man kann sie als Fassade bezeichnen, die unser Ego der Außenwelt zeigt.

Jung verstand unter dem Begriff ‹Persona› eine vermittelnde seelische und körperliche Haltung zwischen der inneren und äußeren Welt, eine Art Maske, die entwickelt wird, damit der Mensch eine gleichmäßige äußere Erscheinung an den Tag legen könne. Die ‹Persona› oder Alltagsmaske vermittelt zwischen dem, was in uns vorgeht, und den Anforderungen von außen. Da der Mensch unzählige Gefühle, Stimmungen, Empfindungen erlebt, die sich vermischen und auch verwirren, ist er ständig emotionalen Schwankungen ausgesetzt. Ohne eine ausgleichende ‹Alltagsmaske› würden die menschlichen Beziehungen unsicher und unstabil.

Wir könnten im Leben ohne eine gewisse ‹Persona› kaum bestehen. Sie ist nicht nur eine Maske, hinter der wir uns verstecken können, sondern auch Mittel zur Anpassung an die äußere Realität. Ohne jegliche ‹Persona› ist es sehr schwierig, den Anforderungen nachzukommen, die andere Menschen, der Beruf oder die Gesellschaft allgemein an uns stellen. Die ‹Persona› gehört zu jenen Erziehungserfordernissen, die einen glatten Kontakt ermöglichen, den Verkehr unter Menschen regeln und deren sogenannte Kinderstube zum

* Herrmann Hesse, *Demian*, Suhrkamp 1974, S. 124.

15

Ausdruck bringen. Über die Alltagsmaske verschwindet das Ich hinter den Inhalten des kollektiven Unbewußten und hat keine Verantwortung mehr zu tragen. Die Angst vor dem Allein-, Isoliert- und Einsamsein treibt Menschen dazu, sich mit der Kollektivität zu identifizieren, und zwingt sie, eine typische Maske anzulegen, angefertigt nach typischen Vorbildern, die heute vorwiegend aus den Medien kommen.

Dieser Typus wird zu einem anerkannten Ich-Bild, in das das schwache Ich hineinschlüpfen kann, um angenommen zu werden. Solange sich das Ich hinter einer solchen Maske verbirgt, genießt es die Zugehörigkeit und den Schutz der Gemeinschaft.

Der Mensch setzt seine Alltagsmaske auf, wenn er mit anderen in Beziehung tritt, und identifiziert sich mit ihr. Sie ist eine Maske für die äußere Gesellschaft, in der er lebt, geformt nach den Ansprüchen und dem Geschmack seiner Umgebung. Solch eine Alltagsmaske hat ein noch schwaches Ich zu schützen und ist als ein Produkt der Angst vor der Umwelt zu verstehen. Je schwächer das Ich eines Menschen ist und je weniger er sich seines Eigenwertes bewußt ist, um so stärker ist der Wunsch, angenommen zu werden. Je größer die Sehnsucht ist, bejaht zu werden, desto stärker wird sein Bestreben sein, eine gefällige und positiv wirkende Alltagsmaske zu entwickeln.

Wird die Distanz zwischen dem, was ein Mensch zu sein vorgibt, und seinem Entwicklungsstand zu groß, bricht diese Alltagsmaske zusammen; er gerät in eine Krise. Und je stärker der Mensch mit dieser Alltagsmaske verwächst, um so mehr kann das dahinterliegende Ich verkümmern und absterben, bis nur noch eine Restpersönlichkeit unter der Maske verbleibt. Ohne solch eine Maske kann dann der Mensch nicht mehr leben.*

Die Reifung unserer Persönlichkeit ist ein langfristiger Prozeß. Was in uns leben will, braucht eine Chance, sich zu entfalten. Die Mög-

* Ausführlicher nachzulesen bei Jolande Jacobi, *Die Seelenmaske*, Fischer 1994.

lichkeiten dafür sind in der Alltagswelt wenig vorhanden. Normen, Regeln und Zwänge beschneiden und engen ein.

Während das Gesicht zunächst gelebtes Leben, gelebte Erfahrungen widerspiegelt, zeigen die selbstgeformten Masken eher ungelebtes Leben und damit ungelebte Seiten unserer Persönlichkeit, die hinter unserem Gesicht verborgen liegen.

Die Gesichter hinter dem Gesicht

Die Masken, die in unserer Arbeit entstehen, haben oft die gegenteilige Funktion der beschriebenen Alltagsmaske. Sie demaskieren und machen sichtbar, was im Verborgenen geschieht. Was Gesicht, Mimik, Sprache und Verhaltensweisen zu überdecken versuchen, das gerade zeigen die selbstgeformten Masken. Sie sind Gesichter hinter dem Gesicht und verkörpern Vorgänge, die hinter der Alltagsmaske verborgen wirken.

Die selbstgeformten Masken machen sichtbar, was den Menschen bereichert oder behindert, was sein Denken und Handeln beflügelt oder überfremdet.

Leonardo da Vinci beschäftigte sich in der Malerei mit Übergängen zwischen Tier und Mensch. Ihn interessierte das Abgrundtiefe genauso wie das Heilige. Im Tierischen solcher Gesichter leuchtet etwas Menschliches auf und im Menschlichen etwas Tierisches – das eine geht in das andere über.

Hier und da muß man staunen, wie vor einem Wunder. Manche dieser Wesen kommen einem bekannt vor, als hätte man sie schon einmal gesehen.*

Maskengestalten zeigen, was den Menschen bewegt und treibt. Sie sind sichtbar gemachter ‹innerer Wille›. Und so, wie der innere Wille den Menschen lenkt, so formt er ihn auch, formt sein Gesicht und seine ganze Gestalt. Je älter dann ein Mensch wird, um so mehr ist in seinem Gesicht zu erkennen, was er verwirklicht hat.

Ähnlich schrieb Hermann Hesse in seinem Roman «Demian», daß das Betrachten und Sich-Hingeben an irrationale, große, seltsame Formen der Natur in uns ein Gefühl der Übereinstimmung mit diesem inneren Willen erzeugt, der diese Gebilde werden ließ. Die Grenze zwischen uns und der Natur, zwischen dem Bekannten und

* D. Mereskowski, *Leonardo da Vinci*, Piper 1920.

Unbekannten, beginnt dann zu zittern und zu zerfließen. Wir lernen die Stimmung kennen, in der wir nicht wissen, ob die Bilder auf unserer Netzhaut von äußeren Einflüssen stammen oder von inneren.*

* Hermann Hesse, a.a.O., S. 123.

Hagazussa

Auf dem Hag reite ich
auf der grenzenlosen Freiheit
bin ich im n-irgendwo
zu Hause – hagedornige Heimat
No-madig in ewiger Sehnsuche
ziehe ich meinen Weg
Freude des Ankommens
befreit mich
vom Schmerz des Gehenmüssens.

Aniala

Ich bin eine Puppe und heiße Aniala.

Ich bin schön zurechtgemacht.
Der Stern auf meiner Stirn zeigt,
daß ich von vornehmer Herkunft bin.

Ich bin ein leeres Herz mit einem goldenen
Rand – nicht warm, nicht kalt,
nicht lebendig, nicht tot.

Und ich habe einen goldenen Mund,
damit ich immer die schönen Dinge sage.

Mit meinen Augen lebe ich in den Sternen,
da ist Platz für mich, da kann ich atmen,
da kann ich träumen, da kann ich leben.

Violetta

Ich bin überall dabei
ganz egal und einerlei
worum es geht;
Hauptsache, es läuft was.

Ich bin immer gut aufgelegt
und immer frisch.

Ich mag knackige Jüngelchen,
Spinnen, Heuschrecken oder
auch einen fetten Braten.

Ich lebe, was es zu leben gibt
und seh alles, merke alles,
mache alles.

Ich habe Augen wie ein Luchs.
Ich heiße Violetta und
singe gern, tanze gern,
esse gern, spaße gern.

Sonnenheros

heldenhaft – Ich
leuchten meine
Sommerlocken
im Winde
die Zähne beiß ich
zusammen sind wir stark.

Ich sehe Ufer
nach außen
ausgebrannt
bin ich
innen
hohler Knabe
im lockenden
Haar – Ich.

Fofang

Ich kaufe nix
ich brauche nix
ich denke nix
du interessierst mich nich'
Frieden will ich nich'
Ihr seid alle gleich
laß mich in Ruh'!

Ich bin Fofang, Fofang Yoch
Früher hieß ich Wolfgang,
dann Solfgang
dann Sofang,
dann Fofang,
Fofang Yoch

Das Leben hat mich so gemacht.

Allesweiß

ALLES WEISS ich
und so heiß ich

Alles was ich kriegen kann
sammelt sich in meiner Gurke an.

Ich bin der
kleine Narcissos Professorios
wissenschaftlicher Archivarius.

Bücher sind meine Welt.
Ich lese sie nicht –
ich ordne sie.

Neulich ist das Bücherregal
über mir zusammengebrochen.
Alle Bücher sind durch die Luft
über mich hinweggesegelt.
Was das wohl bedeutet?
Ich muß es nachschlagen!

II. Vom inneren Gesicht zur Maskengestalt

«Menschliches Leben vollzieht sich im Übergang. Der Lebensraum umfaßt Höhle und Platz, Kammer und Halle. Mit vielen Übergängen bilden sie unsere räumliche Welt. Die Schwellenbereiche bieten die Möglichkeit, verschiedene Baulichkeiten und Lebensbereiche miteinander in Beziehung zu setzen ... So ist Schwelle die räumliche Übersetzung der Angewiesenheit auf den Übergang zwischen verschiedenen Lebensbereichen.»*

Das innere Gesicht träumen

Erster Tag eines Maskenkurses

Wenn in unseren Kursen Masken gebaut werden, dann ist Traumzeit. Zeit, eine Maske zu erträumen.

Die Traumzeit ist im Jahreskreislauf die ‹Zeit zwischen den Zeiten›, wenn die alte Zeit des Winters vergangen ist und die neue Zeit des Sommers noch nicht angebrochen ist. Diese Zeit wird von vielen Völkern seit Jahrhunderten durch Feste und Bräuche gestaltet, häufig mit Masken. Reste davon finden wir heute noch in Fastnachtsbräuchen, Winteraustreibungen und indianischen Mysterienkreisläufen.

‹Zwischen den Zeiten› bedeutet eine Krisis in der Ordnung der Dinge. Die Normalität ist außer Kraft gesetzt, oder genauer gesagt, Ordnung und Chaos hören auf, Gegensätze zu sein. In dieser Krisenzeit, in der sich die Erde regeneriert, indem sie zuvor stirbt, ‹sterben› auch die Menschen und schwärmen als Geisterwesen durch die Gegend, um zur Wiederbelebung der Natur beizutragen. Der Aspekt des Kampfes gegen die Mächte der Finsternis ist in diesen Bräuchen mehr oder weniger stark ausgeprägt.**

* Herbert Muck, *Zwischen den Dingen*, Akademie der Bildenden Künste Wien, Ausstellungskatalog 1979, S. 4.

** Hans-Peter Duerr, *Traumzeit. Über die Grenze zwischen Wildnis und Zivilisation*, Frankfurt 1980.

Ein Maskenseminar ist eine Traumzeit von sechs Schöpfungstagen an einem Traumort, frei von Alltagsverpflichtungen, mit der Möglichkeit von Grenzüberschreitungen. Nehmen wir als Beispiel die Traumreise einer Seminargruppe zum Thema ‹Hexen – Teufel – Zauberer›:

Wir ‹fliegen› mit geschlossenen Augen, auf dem Boden liegend, einem Berg entgegen. Auf einer Lichtung spielt sich ein festliches und dämonisches Treiben ab. Jeder hat Zeit, zu sehen, was ihm wichtig ist. Dann malt jeder eine Szene dieses Ausflugs in die zweite Realität mit Fingerfarben auf eine große Pappe. Ein ausgesuchtes Element dieses Bildes stellt er der Gruppe vor, indem er es möglichst genau beschreibt. Die anderen Gruppenteilnehmer ergänzen das mit ihren Wahrnehmungen. Ein Prozeß der Fokussierung: Etwas, was vor einigen Augenblicken noch nicht war, nimmt vor aller Augen wahrnehmbare Gestalt an. Ein Schemen taucht aus der Dunkelheit auf und beginnt, Form anzunehmen. «Stell dich jetzt vor dein Bild und zeichne mit deiner Hand die Form deines Bildelementes im Raum nach. Laß die Bewegung nach und nach größer werden, bis dein ganzer Körper in sie einbezogen ist.» Dieses ‹Hineinschwingen› in das eigene Bild ist wie ein körperliches Einstimmen auf das, was im Moment innerlich präsent ist. Jetzt wird es äußerlich, verkörpert und bewegt. Gleich werde ich es mit meinem Körper, meinen Händen, in den Ton hineindrücken.

Der traditionelle Maskenbauer mußte zuerst eine Vision haben. Bevor er anfangen durfte zu bauen, mußte er den Geist sehen, den er im Material, in der Materie, verkörpern wollte. Das ‹Sehen› geschah im Traum oder auf einer besonders zu diesem Zweck unternommenen Visionssuche, in der Einsamkeit der Wildnis. Dabei diente die Suche nach der Vision in den Stammesgesellschaften dazu, den eigenen Lebenssinn, die persönliche und soziale Aufgabe zu erkennen.

In einem Maskenkurs sind, ähnlich wie im Traum und in der ‹Wildnis der Visionssuche›, Alltagszeit und -raum teilweise aufgehoben. Die Dinge werden genommen, wie sie erscheinen, ohne Vor-sicht und Rück-sicht. Die Reise in die eigene Imagination läßt uns Aspekte der eigenen aktuellen Lebensproblematik aus den Tiefen unserer inneren Räume heraufholen. Dies ist gewissermaßen das ‹Tor zur Wildnis›, der Einstieg in das Reich der Dämonen und Schattengestalten oder der Aufstieg in unser geheimes Pantheon idealisierter Helden und Göttergestalten. Das Thema und die Gruppe geben einen gemeinsamen Rahmen, eine Stütze, einen Gestalthintergrund, auf dem das Imaginierte, die Vision, sichtbar werden kann. Imagination ist ein magischer Akt: Die ‹Alten› verstanden unter Magie die Fähigkeit des Magiers, auf den Jahrmärkten ‹Bilder erscheinen und verschwinden zu lassen›. In unserer Arbeit bezeichnen wir das ‹Holen des Traumes› als Imagination und das Sichtbarmachen in Bild und Körperausdruck als Visualisation.

Die Schöpfung der Maske aus Ton

Zweiter Tag eines Maskenkurses

Traditionell ist schon der Bau der Maske, ja schon die Auswahl des Materials ein heiliger, ein ritueller Vorgang.*

In unseren Kursen entsteht die Form der Maske aus Ton oder Lehm und wird dann mit einer Schicht starken Papiers bedeckt. Als Bindemittel für das Papier dient Tapetenkleister.

Zuerst wird der Ort hergerichtet, an dem gebaut werden soll. Eine besondere Atmosphäre entsteht. Vielleicht durch eine Kerze, durch die gemalten Visionsbilder oder durch Musik. Etwas kommt hinzu zu den Arbeitstischen, was spüren läßt: Hier wird nicht nur gearbeitet, hier ist auch eine Stätte der Ruhe, der Konzentration, des sich Wohlfühlens, des Besonderen. Traditionell war der Ort, wo die Maske gebaut wurde, ein heiliger Ort, ein ausgegrenzter Ort, allen außer dem Schöpfer der Maske tabu.

Beim Bauen wird zunächst ein Haufen Ton durchgeknetet, damit er sich bearbeiten läßt. Dabei beginnst du, die Grundform des Maskengesichtes aufzubauen, wie es in deiner Vorstellung besteht. Deine Hände drücken hinein in den Ton, und es entsteht ein Eindruck. Das ist wörtlich zu nehmen: Eine äußere Kraft drückt die äußere Schicht des Tones nach innen. Auf der anderen Seite drückt sich aus dem Ton etwas heraus. Wenn durch äußeren Druck der innere Druck so angewachsen ist, daß innen kein Platz mehr ist, muß der Ton ausweichen und sich einen Weg nach außen suchen. Das Profil oder der Ausdruck ist also etwas, das nach außen gedrückt wurde, weil innen der Druck zu stark wurde.

Was bedeutet das, übertragen auf die Maske und auf das menschliche Gesicht? Das menschliche Gesicht, wie auch unser gesamter Körper, bewahrt in sich die Geschichte unserer persönlichen Biographie auf. Wilhelm Reich hat nachgewiesen, daß permanente

* Vgl. Joachim Möbus, *Ursprungsmythos und die zeremonielle Verfertigung von Masken*, Inaugural Dissertation, Philosophische Fakultät der FU Berlin, 1959.

psychische Spannungen zu analogen Muskelverspannungen, zum Körperpanzer führen. Unsere Reaktion auf die Umwelt ist eine zweifache: Lust = Fließen von Gefühlen, von Energie nach außen, Schmerz = Anhalten oder Fließenlassen von Energien nach innen. Solange wir wach sind, befinden wir uns in jedem Moment unseres Lebens in einem dieser Gefühlszustände.

«Um das Wesen der Lust begreifen zu können, sollten wir sie dem Schmerz gegenüberstellen: Beide geben uns ein Bild davon, wie jemandes Reaktion auf eine Situation beschaffen ist. Fällt die Reaktion positiv aus und strömt Gefühl nach außen, wird er Lust empfinden. Reagiert er negativ und entsteht kein rhythmischer Gefühlsstrom, wird er die Situation als unangenehm oder schmerzvoll bezeichnen. Da aber das Erlebnis von Lust oder Unlust durch Vorgänge im Körper bestimmt wird, entsteht durch jede Störung im Innern, die das Fließen von Gefühlen stocken läßt, Unlust, wie verlockend die äußere Situation auch sein mag.»*

Lust öffnet uns, läßt uns weiter werden. Unlust macht uns zu, läßt uns enger werden.

Form ist geronnene Bewegung. Die Form der Maske wird durch dich als Schöpfer geprägt. Dein Ausdruck ist ihr Eindruck. Dein Eindruck – wo es dich drückt – ist ihr Ausdruck. Sie ist das Geschöpf, und du bist der Schöpfer. Sie ist Projektion und Identifikation zugleich. Sie ist Schatten, und sie ist Spiegel.

Die Maske ist dein Geschöpf, und du bist für sie verantwortlich. Oft erscheint sie dir zuerst als Schatten, fremd und verunsichernd. Wenn du die Verantwortung für sie übernimmst, löst sich der Schatten auf und verwandelt sich in einen Spiegel. Bei den nordamerikanischen Prärie-Indianern ist die folgende Vorstellung verbreitet:

«Das Universum ist der Spiegel der Menschen, sagen uns die alten Lehrer, und jede Person ist ein Spiegel für alle anderen Personen, irgendeine Idee, eine Person oder ein Gegenstand kann für den Menschen ein Spiegel sein.»**

* Alexander Lowen, *Lust*, München 1979, S. 27.

** Hyemeohsts Storm, *Sieben Pfeile*, Passau 1980, S. 15.

Hauttönung – Farbe bekennen.

Für jeden sei der gleiche Spiegel anders. Wenn ein Spiegel uns als Schatten erscheint, raten die Indianer, direkt hineinzugehen, dann werde sich der Schatten in Licht auflösen.

Das Wort ‹Form› weist uns darauf hin, daß es um die Ausformung, um die Gestaltung der Idee geht. Indem wir als Kursleiter die Teilnehmer damit konfrontieren, was wir sehen, ermuntern wir sie zur Deutlichkeit im Ausdrücken ihrer Tonform, wirklich alles herauszuholen, was ihrer Vision entspricht: Laß deine Vision Gestalt werden. Indem du bewußt an deiner Form gestaltest, setzt du dich mit ihr auseinander. Du wirst damit konfrontiert, Verantwortung zu übernehmen für das, was aus dir herausfließt. Formen meint, das, was du entdeckst, deutlicher werden zu lassen.

Meist wird die fertige Form anders sein als deine Vision. Die Idee ist Ausgangspunkt eines Abenteuers, auf das du dich eingelassen hast. Zur Idee hinzu kommen deine Hände, die formen, sowie Energien, die mehr aus dem Bauch kommen als aus dem Kopf. Die Stimmung im Arbeitsraum und in der Gruppe wirkt sich aus. Der Eigenwille des Materials setzt vielleicht manchen deiner Wünsche Widerstände entgegen. Die fertige Form ist der Ausdruck all dieser Kräfte, und das ist gut so. Es ist vor allem ein innerer Prozeß, den du durchläufst, nicht nur ein technischer.

Das Gilgameschepos berichtet, daß die Göttin Aruru für den mächtigen König Gilgamesch einen Doppelgänger aus Lehm formte: Enkido, sein zweites Ich, seine Tiernatur, sein Schatten. Die Bibel berichtet von der Schöpfung des Menschen: Gott schuf den Menschen, ihm zum Bilde, aus einem Klumpen Lehm. Uns scheint der Prozeß des Maskenbauens so etwas wie ein Nachvollzug der alten Schöpfungsmythen zu sein: Wir schaffen eine Gestalt unseres eigenen Selbst, oder mythologisch ausgedrückt, ‹uns selbst zum Bilde›, einen unserer Schatten, verdrängte und ungelebte Teile unserer Persönlichkeit. Wie Gilgamesch wird der Maskenbauer mit seinem Doppelgänger konfrontiert.

In ruhiger, meditativer Arbeitsatmosphäre entwickelt sich so etwas wie eine persönliche Beziehung zwischen dem Schöpfer der Maske und seinem Produkt. Diese Auseinandersetzung kann sehr dynamisch sein: mal wird die Maske gestreichelt, dann wieder kann man sie nicht mehr akzeptieren und möchte sie an die Wand schmeißen.

Kaum nimmt das zu gestaltende Wesen Form an, bekommt es einen eigenen ‹Willen›. Wie ein heranwachsendes Kind fügt es sich nicht allen Wunschvorstellungen, will nicht nur Projektionsleinwand sein. Die Widerspiegelung der Maske ist oft so direkt, daß ein Beobachter die Gesichtszüge des Erbauers in ihr wiederzufinden glaubt.

Eine Maske erzählt

Es war einmal eine schlafende Feuermaske, die lag in einer Kiste, wohlbehütet und an einem ruhigen Platz. In tiefem Schlaf liegend begann sie von ihrem jungen und bewegten Leben zu träumen.

Mein Besitzer schuf mich unter Bangen und Zittern aus Ton. Schnell bin ich entstanden. Zuerst habe ich meinen großen Mund wahrgenommen –

wollte er schreien oder lachen? Es bleibt mir bis heute ein Rätsel, meinem Schöpfer wohl auch. Dann formte mir mein Schöpfer eine runde Nase, Bäckchen und tiefliegende Augen. Natürlich durften oben am Kopf die Flammen nicht fehlen. Noch war mein Gesicht rauh und grob. Doch seine Hände begannen mich zu glätten. Sie ertasteten mein ganzes Erscheinen.

Puh, endlich war ich nahezu glatt. Doch so einfach machte ich es meinem Schöpfer nicht, denn nun mußte ich fixiert werden. Spüren konnte ich, daß dies wohl nicht leicht war. Galt es doch, mein Gesicht, mit all den Höhen und Tiefen, mit Folie abzudecken. Mensch, wurde er dabei kribbelig. Endlich war auch dies überstanden. Nun begann für uns eine ruhige und schöne Zeit. Mit drei Schichten – Packpapier, Stoff, Packpapier – und viel Kleister wurde ich überzogen. Manchmal ging mein Schöpfer weg, und ich war alleingelassen. Doch ich war mir sicher, er kommt wieder. Als die drei Schichten fertig waren, fühlte ich mich noch naß und kalt. Er half mir und trocknete mich immer wieder. Oh, tat dies gut. So verging unser erster gemeinsamer Tag wie der Wind.

Der zweite Tag in meinem Leben: Da ich am Morgen noch feucht war, brauchte ich nochmals Wärme. Jetzt wurde ich langsam hart und wurde zur Maske. Und wieder massierte und knetete mich mein Schöpfer, und ich wurde wieder weicher und geschmeidiger. Beide merkten wir, daß wir begannen, uns vertrauter zu werden.

Meine Geburt stand bevor. Ich spürte, daß mein Schöpfer mich vom Ton abheben wollte, doch viel zu zaghaft ging er an mich heran. Hatte er Angst, mich zu zerbrechen? Mir wurde ganz bang ums Herz, denn ich merkte, dies schafft er nicht allein. Zur rechten Zeit stand da ein Maskenfreund. Gott sei Dank! Dieser nahm meine Geburt sicher in die Hand. Zwei Schnitte mit dem Messer, die waren schnell vorbei. Nun wurde gezogen und gezerrt – auf einmal war ich vom Ton befreit. Mein Besitzer nahm mich leichtes Wesen in die Hand und war beruhigt, als er sah, daß ich bis auf die Schnitte unverletzt geblieben war. Schon bald wurde ich ausgebessert und war wieder in Ordnung. Ein herrliches Gefühl, soweit fertig zu sein. Meinem Schöpfer ging es wohl auch so!

Was nun kam, fällt mir schwer zu erzählen, es war wie eine zweite Geburt, mit vielen Wehen. Mein Schöpfer begann mich anzumalen, ich

spürte, etwas ging in mir vor. Sein Gesicht veränderte sich, er schaute mich ablehnend an. Entsetzt mußte ich feststellen, daß wir beide uns voneinander entfernt hatten, nichts vom Vertrauten mehr da war! Zur rechten Zeit stand wieder mein Maskenfreund bei mir. Wie konnte er ahnen, wie dringend wir ihn brauchten? Wie tat es uns gut, seine Nähe zu spüren. Den Rat meines Freundes befolgend, verließ er mich. Ich war allein mit meinem feuerroten Gesicht.

Doch ich schrie nach meinem Schöpfer, ich verfolgte ihn, ließ ihm keine Ruhe, da, endlich war er wieder da. Er wollte mich von meiner roten Farbe befreien. In seinem Gesicht war wieder Hoffnung und Entschlossenheit, mich von neuem zu gewinnen. Viele Stunden des Malens begannen. Es war die zweite Nacht meines Lebens. Die Ruhe und die Musik taten uns gut, vor allem waren wir fast allein.

Doch das Bemalen meines Gesichtes brachte keine Veränderung. Mein Besitzer und ich hatten einander nichts mehr zu sagen, das Miteinander war vorbei!

Der dritte Tag meines Lebens: Aufgeben wollte ich nicht. Spannung war da, heute durfte er mich noch näher kennenlernen. Das war meine Chance. Ob er mich wohl wieder mag, versteht, was ich sagen will? Jetzt war die Zeit gekommen, daß er mich aufsetzen konnte, um mich durch seine Bewegungen sprechen zu lassen und zu erforschen. Doch mein Schöpfer war verzagt, er traute sich nicht mehr zu mir. Meine letzte Freude war, als ich mit ihm Theater spielen konnte. Endlich durfte ich eine Feuermaske sein. Aufflammen, brennen, dazwischenfunken, sprühen, lodern, ach, einfach Feuer sein. Keiner wird es mir glauben: Es war der Höhepunkt meines Maskenlebens. Der vierte Tag war da! Mein Schöpfer wirkte unruhig und gefesselt von mir, er konnte mich nicht verstehen. Mein Maskenfreund war wieder zur Stelle. Die Nähe und die Wärme meines Freundes taten ihm gut. Den Rat meines Freundes aufnehmend, wurde ich am vierten Tag meines Maskenlebens von meinem Schöpfer zum Schlafen in eine Kiste verpackt.

Da ruhe ich nun und träume vom Erwachen!? Dorothee Weigel

Der Mythos der Maske

Dritter Tag eines Maskenkurses

Die Masken liegen in einem warmen Raum, in dem sie ihre ‹Schwangerschaft verträumend› trocknen. In dieser Zeit beschäftigen wir uns mit dem Kontext der Maske und ihrer Entstehung.

Traditionell ist die Sprache der Maske die Sprache des Mythos, «... durch den die unerschöpflichen Energien des Kosmos in die Erscheinungen der menschlichen Kultur einströmen. Religionen, Philosophien, Künste, primitive und zivilisierte Gesellschaftsformen, die Urentdeckungen der Wissenschaft und Technik, selbst die Träume, die den Schlaf erfüllen, all das gärt empor aus dem magischen Grundklang des Mythos.»*

Die Sprache des Mythos ist eine symbolische, bildreiche Sprache, nach Erich Fromm die einzige universale Sprache, die die Menschheit je entwickelt hat.

«Die Symbolsprache ist die Sprache, in der wir innere Erfahrungen so zum Ausdruck bringen, als ob es sich dabei um Sinneswahrnehmungen handelt, um etwas, das wir tun, oder um etwas, was uns in der Welt der Dinge widerfährt. Die Symbolsprache ist eine Sprache, in der die Außenwelt ein Symbol der Innenwelt, ein Symbol der Seele und unseres Geistes ist.»

Ursprünglich war die Maske wahrscheinlich Vollzugswerkzeug eines Rituals, in dem die heilige Geschichte eines Mythos immer wieder erfahren und erneuert wurde. Solche Rituale kennen die meisten Menschen nicht mehr. Am ehesten ist uns die symbolische Sprache noch vertraut als Sprache unserer Träume. Sie hat eine andere Logik als unsere Alltagssprache. Die mythologische Sprache hat «... eine Logik, in der nicht Zeit und Raum die dominierenden Kategorien sind, sondern Intensität und Assoziation.»**

* Josef Campbell, *Der Heros in tausend Gestalten*, Frankfurt 1953, S. 13.

** Beide Zitate aus: Erich Fromm, *Märchen, Mythen, Träume – eine Einführung in eine vergessene Sprache*, Hamburg 1981, S. 14.

In unseren Gruppen gehen wir davon aus, daß die geformte Maske eine Geschichte hat, in einen Zusammenhang hineingehört, der ihre Gestalt verständlich macht. Wir nehmen das Fingerfarbenbild vom Anfang und beziehen Maske und Bild aufeinander. Das Fingerfarbenbild ist wie die Maske ein Spiegelbild von Teilen unserer Persönlichkeit, ein Ausschnitt aus dem Reichtum unserer Vielfalt. Die Arbeit am Bild, die Arbeit am Mythos der Maske ist gestalttherapeutisch Arbeit am Gestalthintergrund, aus dem sich die Maske als Gestaltvordergrund herausgehoben hat. Wichtig sind uns dabei die Elemente Musik, Bewegung und Körperausdruck, die später auch Grundlage des Maskenspiels werden. Methodisch gibt es für diese Arbeit verschiedene Möglichkeiten:

- Wir lassen das Bild vom Teilnehmer in der Gegenwartsform beschreiben. Dann bitten wir ihn, sich mit einzelnen Teilen des Bildes in der Phantasie oder auch in einer körperlichen Darstellung zu identifizieren, einzelne Figuren, Gegenstände, Situationen zu schildern oder zu spielen. Aufgespürte Gegensätze versuchen wir im Experiment zu klären oder im ‹hot seat›, einer Auseinandersetzung mit den eigenen Projektionen, die auf den Stuhl gegenüber gesetzt werden können.
- Der Maler des Bildes liegt in der Mitte und entspannt sich, während die Gruppe zu seinem Bild musikalisch improvisiert. Dafür eignet sich ein einfach zu spielendes Instrumentarium, vor allem aus kultischen Bereichen: thailändische Gongs, balinesische Gamelaninstrumente, afrikanische Rasseln und Trommeln.
- Die ganze Gruppe oder Teilgruppen entwickeln eine szenische Darstellung des Fingerfarbenbildes und spielen sie als Psychodrama. Der Maler selbst ist Protagonist oder Regisseur der Szene.
- Jeder sitzt vor seiner eigenen Maske und malt sie in Lebensgröße ab. Jede Erhebung und jede Vertiefung wird so noch einmal bewußt. Im stillen Zwiegespräch erzählt die Maske ihrem Schöpfer, wie sie heißt, woher sie kommt, ihre Ängste, ihre Träume, ihr Lebensmotto.

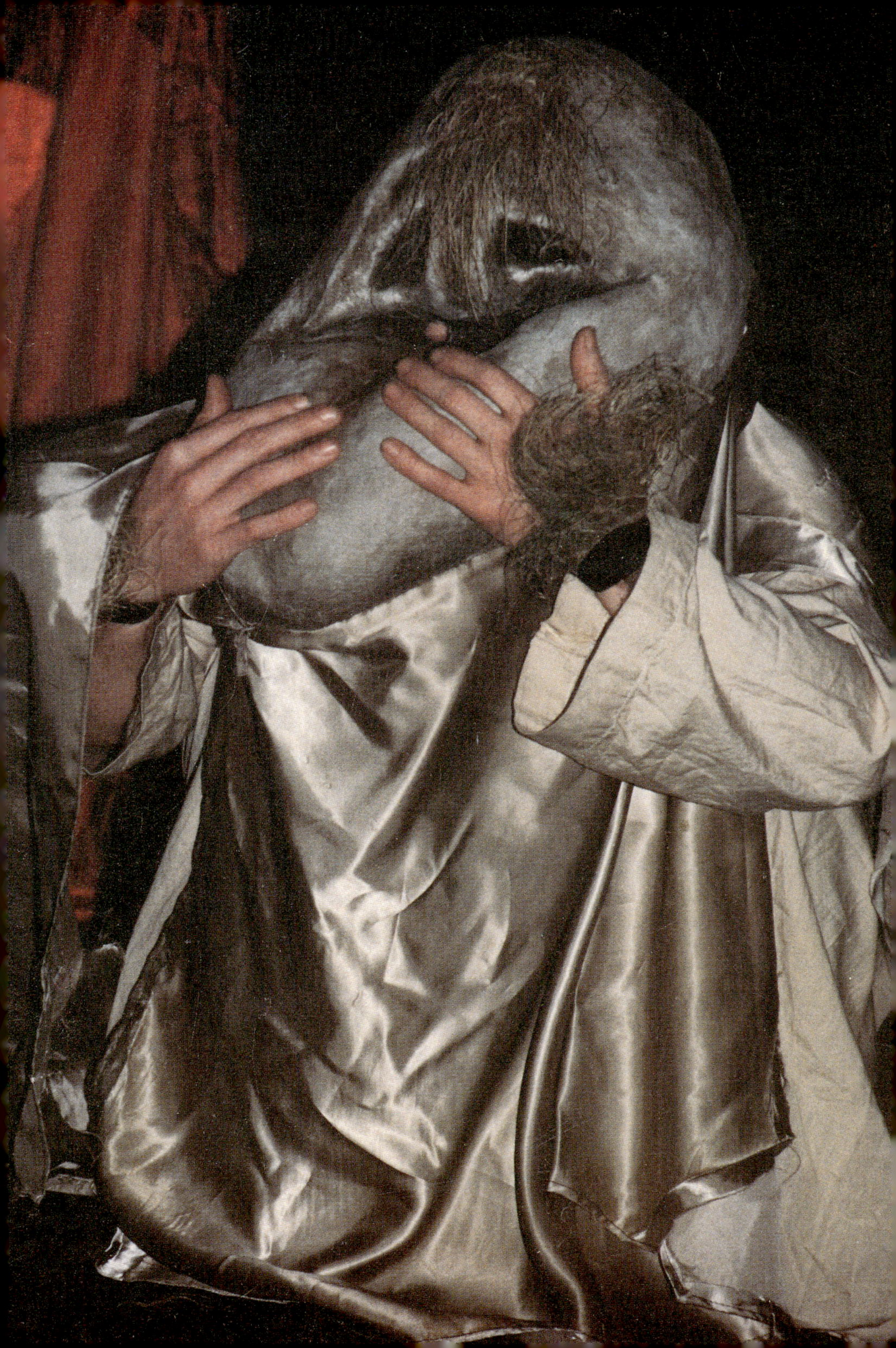

Es sind ganz persönliche Mythen, die um das Bild herum aufgeschrieben werden:

Chratenka kommt aus dem Inneren einer Tropfsteinhöhle. Sie kommt aus einem lodernden Vulkan. Sie ist Herrin dieser Höhlen und unbezwingbar, weil sie sich nie hinausbegibt. In ihr ist viel Bewegung, die sich in den Kanten und Ecken ihres Gesichtes darstellt, fast auf sie selbst gerichtet. Andere schreckt sie mit diesen Kanten ab. Sie träumt davon, hinauszugehen und noch mehr Höhlen zu entdecken und ihr Gebiet zu erweitern. Vielleicht, so träumt sie, gibt es nicht nur Höhlen da draußen, sondern auch noch offene Weiten. Sie hat aber Angst davor, nach draußen zu gehen, ins Unbekannte, das vielleicht Gefahr bedeutet, vielleicht die Entdeckung, daß sie Angst hat. Sie steht schon seit sie denken kann im Kampf gegen sich selbst. Jetzt hat sie ihre zwar unbequemen und schmerzhaften Kanten, diese sind ihr jedoch vertraut. Ihre aggressiv-traurigen Linien bestimmen ihren Namen: Chratenka.

Maskengeschichte einer Kursteilnehmerin

Die Geburt der Maske und ihre handwerkliche Vollendung

Vierter und fünfter Tag eines Maskenkurses

Oft wird es von den Teilnehmern als dramatischer Augenblick erlebt, wenn die Maske am vierten Tag des Workshops von der Form abgehoben wird. Die Spannung steigt, bis jeder seine Maske zum ersten Mal in der Hand hält. Jetzt zeigt sich, wie gut sie handwerklich gearbeitet ist. Die Erfahrung lehrt, daß es Zusammenhänge zwischen ‹technischen Problemen› und Auffälligkeiten des Maskenausdrucks gibt. Eine Teufelsmaske mit sehr sinnlichem Mund und beherrschten, beherrschenden Augen, drohte beim Abheben von der Form an der Oberlippe auseinanderzubrechen. Genau an der Stelle, wo das Gesicht deutlich sichtbar in zwei gegensätzliche Teile gespalten war.

Die Maske wird verstärkt, bekommt Luft- und Augenlöcher und eine Halterung, damit sie fest am Kopf sitzt. Dann wird sie weiß grundiert. Mit den nun weißen Masken sitzen wir in der Runde zusammen. Jeder berichtet, welche Erfahrungen und Erlebnisse er bisher mit der Maske verbindet. Wer ist die Maske jetzt für dich? Wie gefällt sie dir?

Claudia: «Ich hasse meine Maske!» Sie tobt ihre Wut an einem Kissen aus. Zur Maske gewandt: «Du hast Furchen in deinem Gesicht, als ob jeder, der zufällig vorbeikommt, dir mit einem Trecker darin herumfährt.» Claudia als Maske: «Ich bin nichts wert. Ich fühle mich abgelehnt.»

Gruppenleiter: «Such dir drei Leute hier in der Gruppe aus, von denen du annimmst, daß sie dich ablehnen, und sag es ihnen!»

Claudia erhält ein sehr differenziertes Feedback aus der Gruppe. Während sie arbeitet, wird ihre Stimme deutlicher und lauter und ist nicht mehr weinerlich.

Hier läßt sich ein Vorgang beobachten, der die Auseinandersetzung des Menschen mit der Maske bestimmt: Es entwickelt sich eine Beziehung, die von ständiger Veränderung der Gefühle begleitet ist.

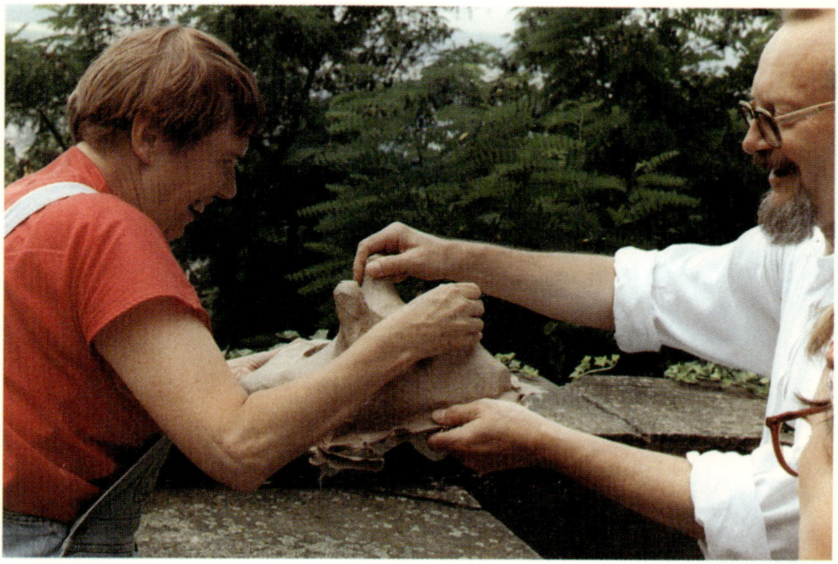

Maskengeburt.

Mal liebe ich die Maske, mal hasse ich sie. Manchmal ist die Geburt der Maske schon so ein erster Wendepunkt. Dieser Prozeß weist uns darauf hin, daß die Maske ein lebendiges Wesen ist und es immer mehr wird, und nicht nur ein Stück Pappe zum Vorhalten ist.

Dieses Wesen entwickelt sich jetzt weiter, das Wesen bekommt eine Haut. Es wird bemalt.* Ein kritischer Augenblick: Kann ich zu dem, was die Maske jetzt schon ausdrückt, stehen und es durch die Farben hervorheben? Möchte ich mit den Farben den Ausdruck zurücknehmen, abschwächen? Beides ist möglich. Es ist sogar denkbar, über diese erste Maske noch eine zweite zu legen, durch dekorative

* Zwei sehr schöne Bücher über Farben:
Elisabeth Koch und Gerhard Wagner, *Farben aus anthroposophischer Sicht*, Stuttgart 1982.
Ingrid Riedel, *Farben in Religion, Gesellschaft, Kunst und Psychotherapie*, Stuttgart 1983.

Die Maske ist ganz anders, je nachdem, ob ich in sie hineinschlüpfe oder sie von außen betrachte. Diese Doppelfunktion der Maske begründet ihren Schwellencharakter.

Ornamente und aufgemalte Verzierungen, wie wir das in der traditionellen Maskenkunst oft finden. Noch einmal habe ich die Entwicklung dieses Wesens in der Hand, kann es nach meinem, mir bewußten Bild gestalten oder das abenteuerliche Eigenleben dieses Wesens fördern und dazu stehen. Die Frage stellt sich ähnlich wie in der Erziehung von Kindern: Betreibe ich Schwarze Pädagogik, oder lasse ich es zu, daß das Kind seinen Eigensinn entwickelt? Letzteres bedeutet, daß das Kind zwangsläufig anders wird, als ich es gern hätte. So wie Kinder meist gegen den Willen der Eltern geraten, setzen sich auch die Masken meist gegenüber ihren Erbauern durch. Ausgebildete Künstler, die wir von Zeit zu Zeit in unseren Gruppen beobachten können, haben es da oft viel schwerer. Ihre einschlägigen Techniken im künstlerischen Ausdruck geben ihnen eine große Macht zu manipulieren. Die Beziehung des Künstlers zu seinem Produkt wird dabei oft distanzierter.

Der Arbeitsschritt der Geburt und Vollendung der Maske benötigt einen weiteren, den fünften Tag eines Workshops. Er endet damit, daß die Maske auch von außen lackiert wird und Haare oder ein Haartuch bekommt, das den Kopf des Trägers auch von hinten bedeckt, damit die Verwandlung vollkommen wird. Diese Phase ist kein trockener, technischer Arbeitsprozeß, sondern vor allem eine Auseinandersetzung mit den Emotionen, die beim Bemalen aufsteigen. Farben lösen oft sehr starke Gefühle aus und sind Projektionen von Gefühlen.

III.

Von der äußeren Verwandlung zur inneren Wandlung

«Wir orientieren uns an komplementären Situationen. In der Ausgesetztheit der offenen Weite träumen wir von der Höhle. Schon eine Nische gewinnt für uns Bedeutung. Umgekehrt gilt: In der Verschlossenheit der Höhle wird die Öffnung zum Zeichen des Auswegs. Wir sind auf diese Öffnung hin orientiert.»*

Die äußere Verwandlung im Maskenspiel

Sechster Tag eines Maskenkurses

Die Maske ist geboren. Sie ist bemalt worden und hat ein Gewand bekommen. Dort ist die Maske – hier bin ich, der Mensch, ihr Schöpfer. Wie kann ich mich in die Maske verwandeln?

Wandlung ist der Übergang von einem Zustand in einen anderen. Das Wort ‹Über-gang› macht deutlich, daß Wandlung mit ‹gehen› und mit einem ‹Weg› zu tun hat. Gehen als wandeln. Sich wandeln bedeutet, (s)einen Weg gehen.

Auch ‹Ritus› heißt zunächst Weg. Man ‹begeht› einen Ritus. Wir kennen heute noch den Mysterienweg und den Kreuzweg. Der Prozeß der Wandlung in eine Maske ist solch ein rituelles Geschehen. Die Maske entspricht dabei in ihrer Phänomenologie der (Kult-) Höhle unserer eiszeitlichen Jäger- und Sammlervorfahren sowie dem heiligen Berg der späteren Pflanzerkulturen. Beides, Höhle wie Berg, ist durch die Maske repräsentiert. Die Maske ist eine Höhle, in die der Maskenspieler hineinschlüpft und die sich dem Betrachter von außen wie eine Berglandschaft darbietet.

Die besondere Wirklichkeit der Schwelle

Es beginnt damit, daß wir den Arbeitsraum aus einer Werkstatt in eine mythische Spielwelt verwandeln. Die Masken, kleine und große

* Herbert Muck, a.a.O., S. 10.

gepatikte Tücher und Vorhänge, Musikinstrumente, Steine, Zweige, Federn, Seile und Netze helfen bei der Verwandlung. Schließlich ist der ganze Raum verhüllt, vernetzt, verfremdet und in seiner sonstigen Funktion nicht mehr wiederzuerkennen.

Jetzt sucht sich jeder Mitspieler in dem Raum einen Platz, seinen momentanen Ort der Kraft.

Bei der Umgestaltung ist im Raum ein Bereich für die Zuschauer abgeteilt worden, – der Bereich des ‹Realen› –, und einer für die Darstellung der Masken – der Bereich des ‹Imaginären›. Auf der Schwelle zwischen beiden Bereichen liegen die Masken, die ‹Medien› der Transformation. Auf der Schwelle sind auch die Maskenspieler, nachdem sie ihren Spielraum eingerichtet haben. Ein regelmäßig auftauchendes Phänomen an dieser Stelle ist die Erschöpfung der Seminarteilnehmer. Eine Pause im Arbeitsprozeß ist notwendig. Kaum einer, der jetzt sofort losspielen könnte. Schwellenangst? Wir meinen: Schwellenerfahrung.*

Annäherung und Verwandlung

Es wird ernst: Wir treten in die unbekannte Welt ein, die wir geschaffen haben.

Die Verhüllung

Zuerst umhüllt jeder seinen ganzen Körper mit dem für die Maske bestimmten Gewand oder mit einfarbigen Tüchern. Wahrscheinlich ist die Verhüllung überhaupt die erste Maske des Menschen gewesen. Der Spieler bereitet sich auf sein Verschwinden in der Maske vor, indem er selber vor den Augen der anderen als Mensch verschwindet, im Ge-wand, das die Körperform so wandelt, daß nicht mehr zu erkennen ist, ‹wer daruntersteckt›.

* Schwellenerfahrung als generelle Grundlage von Maskenarbeit ist beschrieben in Reinhard Winkler, *Rituelle Maskenarbeit – Annäherungen an das uralte Thema der Grenze*, FFM 1992.

Mein kleiner Gernegroß.

Hineinschlüpfen und Annäherung

Es gibt viele Möglichkeiten, in eine Maske hineinzuschlüpfen, sich ihr zu nähern; wir können sie hier nur andeuten:

- Du kannst mit der Maske in einen stillen Dialog treten, bevor du sie aufsetzt.
- Du kannst dich ihr räumlich, aus weiter Ferne kommend, immer mehr nähern, bis die Distanz so gering ist, daß du ‹nahtlos› in sie hineingehst. Dabei ist es gut, wenn eine andere Person die Maske für dich hält.
- Du kannst die Maske mit deinem Körper spielen, ohne in ihr drin zu sein: Wie geht sie? Wie setzt sie sich hin? Wie hält sie den Kopf?
- Du kannst die Maske in deine ausgestreckten Arme vor dich nehmen, so daß sie dich anschaut, und mit ihr zusammen einen Tanz tanzen, wobei sie die aktive Partnerin ist: Die Maske führt!
- Du kannst die Maske be-atmen.
- Du kannst die Maske be-singen.
- Du kannst ihr auf einer Trommel ihren Rhythmus schlagen.

Die Verwandlung

Der Maskenspieler steht mit Maske und Kostüm vor einem Spiegel. Er sieht im Spiegel ein Wesen, das ihm, wie oft in solchen Situationen, fremd ist. Er steht diesem Wesen gegenüber. Was er zunächst erlebt, ist eine Begegnung. Der Maskenspieler versucht nun, von sich aus nichts zu wollen, sondern an Bewegungen zuzulassen, was die Maske will – welche Haltung sie einnehmen will, welche Gestik sie verlangt, und er nimmt wahr, welche Bewegungen sie nicht will.

Mit jeder Bewegung verändert sich der Ausdruck der Maske, obwohl die Maskengestalt starr ist. Der Maskenspieler erlebt die Maske ständig anders, erlebt andere Gefühle und erkennt andere Regungen in ihrem Gesichtsausdruck, erkennt mehr von ihrem Wesen.

Je mehr sich der Maskenspieler auf die Maske einläßt, desto mehr erfährt er von ihr: was sie will und was für ein Wesen sie ist.

Weitere Möglichkeiten der Verwandlung

Das ‹blinde› Maskenspiel
Die Maske wird mit geschlossenen Augen erfühlt und dann aufgesetzt und mit geschlossenen Augen gespielt. Die Gruppe begleitet die Bewegungen der Maske mit Instrumenten und Gesang. Es ist der Blick nach innen, in die innere Welt, aus der die Maske kommt, der hier erlebt werden kann.

‹Licht und Schatten›
ist ein Spiel mit der weißen Maske. Bevor die Maske endgültig bemalt ist, kann man mit der weißen Maske spielen und die Form in ihrer Licht-Schatten-Wirkung vor dem Scheinwerfer erleben. Auch wir bestehen aus Licht und Schatten und können auf diese Weise die Entsprechung der Licht-Schatten-Gestalt in unserem Inneren erleben. Dieses Licht-Schatten-Spiel ist eine Hilfe, sich der geformten Gestalt zu nähern und auch ihre späteren Farben zu finden.

Das Versteck
Wenn du die Maske aufsetzt, bist du mit dem Kopf in einem kleinen Raum, vielleicht in einem dunklen Raum oder hinter einer Wand oder einem Schild. Der andere kann dich nicht sehen. Du schaust durch die Sehschlitze der Maske wie durch zwei Fenster von deinem Versteck aus nach draußen. Du kannst die Welt draußen beobachten, ohne gesehen zu werden, und dabei über Bewegung und Stimme leben lassen, was in dir aufsteigt.

Maskentanz
Du kannst über eine Trance deines Körpers, mit verminderter mentaler Kontrolle in die Bewegung mit der Maske hineingehen.

Begegnung mit der Maske
Wenn ein anderer Teilnehmer deine Maske spielt, kannst du ihr begegnen. Im Gegenüber kannst du die Wirkung deiner Maske als Betrachter erleben. Und da jeder ein anderer Mensch ist, kann er deine

Maske anders ausfüllen; es können sich durch ihn wieder andere Wesenszüge deiner Maske verkörpern.

In den Atem der Maske gelangen

In der fortgeschrittenen Arbeit gibt es noch eine andere Möglichkeit, sich in die Maske zu verwandeln. Du nimmst die Maske in die Hände, schaust sie an und meditierst darüber. Versuche in ihren Atemrhythmus zu gelangen. Auf diese Weise gerätst du in das Schwingungsmuster der Maske. Dann setzt du die Maske auf, und die Verwandlung, in der Maske und Maskenspieler eins werden, kann geschehen.

Wenn wir anderen Menschen unsere Maske vorspielen, können wir an ihren Reaktionen bzw. an ihrem Gesichtsausdruck erkennen, wie die Maske auf sie wirkt – soweit wir dabei durch ihre ‹Alltagsmasken›, ihre Gesichter, hindurchschauen können.

Wenn wir selbst einem Maskenwesen gegenüberstehen, überfällt uns immer wieder ein leiser Schauer. Ein Prickeln geht den Rücken ‹rauf› bis zum Hinterkopf und ‹runter›. Wir fühlen die Anwesenheit einer Energie. Je nachdem, wie gut der Spieler die Maske verkörpert und welche Ausstrahlung die Maske hat, ist dieses Gefühl stärker oder schwächer. Indem wir dem Maskenspieler mitteilen, wie die Maske auf uns wirkt, woran sie uns erinnert, sind wir sein Spiegel.

Die innere Wandlung des Spielers

Verkörperung als Identifikation

Der Urgrund der Masken liegt vermutlich im kultischen Tanz. Soweit uns Dokumente über die Verwendung von Masken bei archaischen Völkern bekannt sind, weisen sie darauf hin, daß Maske und Tanz untrennbar zusammengehören. Tanz ist eine Verbindung aus Musik und Bewegung. Bewegung und Musik symbolisieren Raum und Zeit, die wiederum grundlegende Koordinaten unserer sinnlich erfahrbaren Welt sind. Bewegung und Musik geben den Masken ihre ‹mythische Zeit› und ihren ‹mythischen Raum›, ihren eigenen Kosmos.

Durch Musik und Bewegung, durch Tanz werden Masken lebendig. Sprache spielt dabei erst einmal eine untergeordnete Rolle. Die Welt der Masken ist bildhaft. Genauso auch Bewegung und Musik, wenn sie als freie improvisatorische Ausdrucksmittel gebraucht werden.

Traditionelles Maskenspiel findet immer nur statt an heiligen Orten zu einer heiligen Zeit. Heiliger Raum ist Weltschöpfung, Raumordnung aus dem Chaos des Ungeordneten heraus. Dazu gehört ein Mittelpunkt, der immer den Mittelpunkt der Welt darstellt. Dazu gehören Grenzen, die den heiligen Raum vom profanen Raum, dem Chaos, abgrenzen, und dazu gehört eine Schwelle als Übergangsmöglichkeit zwischen den unterschiedlichen Wirklichkeiten, die die Türschwelle oder auch die Öffnung des Hauses, Tempels etc. nach oben oder unten sein kann. Der heilige Raum ist also auch Verbindungsstelle zwischen den Welten. Zu alten Zeiten war nicht nur jeder Tempel, sondern jedes Haus und jedes Dorf so ein abgegrenzter heiliger Bereich.

«Ebensowenig wie der Raum für den religiösen Menschen ist die Zeit homogen und stetig. Es gibt einerseits die Intervalle heiliger Zeit, die Zeit der Feste (die größtenteils periodische Feste sind), und andererseits die profane Zeit, die gewöhnliche zeitliche Dauer, in der sich die Ereignisse ohne religiöse Bedeutung abspielen. Zwischen diesen beiden Arten von Zeit besteht natürlich ein Bruch der Kontinuität, doch mit Hilfe der Riten kann der religiöse Mensch von

der gewöhnlichen zeitlichen Dauer in die heilige Zeit ‹übergehen› … Die heilige Zeit ist ihrem Wesen nach reversibel; sie ist eigentlich eine mythische Urzeit, die wieder gegenwärtig gemacht wird.»*

Auch heute noch gibt es Menschengruppen, z. B. die Balinesen, die dieses Konzept von heiliger Zeit und heiligem Raum kennen. Relikte in unserer Kultur sind der Sonntag und der Geschlechtsverkehr als heilige Zeit, der Konzertsaal und der Therapieraum als heilige Orte.

Der Anlaß für das traditionelle Maskenspiel ist der rituelle Nachvollzug einer heiligen Geschichte der Urzeit, eines Mythos. Nur zu diesem Anlaß haben die Masken ihren Auftritt. Ansonsten werden sie meist verborgen gehalten. Wenn sie ihren Auftritt haben, spielt es keine Rolle, wer unter ihnen steckt. Der Zuschauer oder am Ritual Beteiligte nimmt die Maske als das Wesen an, das sie zu sein vorgibt, nimmt sie als Phänomen, das sie ist. Der Maskenträger selbst verliert jegliche Distanz, im Unterschied zum heutigen Schauspieler im Theater, und verwandelt sich in den Ahnen oder Gott, der sich in der Maske verkörpert. Solange er in dieses Wesen verwandelt ist, ist seine Alltagsexistenz aufgehoben.

Vielleicht hilft uns ‹aufgeklärten› Menschen am ehesten wieder der Vergleich mit unseren Träumen, in denen wir auch unterschiedliche Realitäten ohne Schwierigkeiten annehmen können. Unsere Träume sind für uns Realität, sie sind sogar lebensnotwendige Realität, wie Experimente mit Menschen erwiesen haben, denen man ihre Träume entzog. Sie wurden während ihrer Traumphasen nachts regelmäßig geweckt und waren innerhalb weniger Tage nervlich sehr angeschlagen.

Dies wird schon klar, wenn wir uns vergegenwärtigen, daß jeder von uns jede Nacht träumt, auch wenn er es nicht weiß, daß wir also einen großen Teil unseres Lebens im Traum und damit oft in einer anderen Identität verbringen.

Nicht nur beim Träumen, auch im Wachzustand ist unsere innere Realität immer vorhanden, wenn auch nicht immer bewußt. Wenn

* Mircea Eliade, *Kosmos und Geschichte*, Düsseldorf 1953, S. 40.

du einen Augenblick die Augen schließt, wird vor deinem inneren Auge ein inneres Bild erscheinen. Es ist ein Bild deiner Phantasiewelt, deiner inneren Welt, die einem dauernden Bewegungsfluß unterliegt. Wir bezeichnen diese inneren Bilder auch als Eindrücke, als Vorstellungen, als Imaginationen. Diejenigen, die solche Imaginationen auftauchen und verschwinden lassen konnten, nannte man früher Magier. Tatsächlich kann jeder von uns über diese inneren Bilder verfügen, wenn er will.

Wir begreifen das Wesen einer Realität nur, wenn wir in sie hineingehen, wenn wir sie selbst werden. Damit werden Möglichkeiten klar, die das Maskenspiel bietet. Man kann Napoleon nur verstehen, wenn man Napoleon wird, auch wenn die Gestalt meines persönlichen Napoleons nicht gleichzusetzen ist mit dem historischen Napoleon. Wir können durch die Masken in jedes Phänomen hineingehen, können es werden und es be-greifen.

Das Hineinschlüpfen in die Maske ist so etwas wie ein ‹Eintauchen› in ihren Kosmos, in ihre Gesetzmäßigkeit, in ihre Ordnung.* Diese Ordnung spiegelt einen Teil unserer inneren Realität, unseres inneren Kosmos.

Das Erleben der Verkörperung

Schauen wir uns verschiedene Masken an, eigene und Masken, die in unseren Kursen entstanden sind, dann entdecken wir, daß in den Masken unter anderem menschliche Gesichtszüge in ‹übertriebener› Form zum Vorschein kommen. Solche ‹Übertreibungen› entsprechen Verhaltensweisen, die von unserem natürlichen Verhalten abweichen. Da die Masken größer als der Kopf sind, wird ihr Ausdruck auch deutlicher. Die ‹übertriebenen› Gesichtsformen lösen im Maskenspiel entsprechend deutlicheres Spielverhalten aus und helfen, Verhaltensmuster aufzudecken. Indem wir die Masken

* Samuel Laeuchli, *Das Spiel vor dem dunklen Gott*, Neukirchen-Vlayn 1987.

aufsetzen, hinter Maske und Kostüm verschwinden, geschieht Verwandlung. Indem wir diese Gestalt vor dem Spiegel betrachten und dann in der Bewegung zulassen, was die Maske tun will, geschieht Verkörperung. Und die Maske verlangt entsprechende Übertreibungen in ihren Bewegungen.

Wir erfahren, wie manche Bewegungen groß und mächtig werden wollen und wie andere eng und einspurig werden. Einmal sind es verkrampfte Bewegungen oder ein verdrehter Körper, oder der Spieler macht sich klein, und manchmal windet sich der Körper, wie im Schmerz. Dann wieder sind es befreiende Bewegungen, und die Maske verleitet zu ausgelassenem Spielen und Tanzen.

Da Mimik und Gestik nicht getrennt voneinander sind, sondern alles ineinander wirkt, verändert sich auch das Gesicht des Spielers unter der Maske. Das Gesicht nimmt einen ähnlichen Ausdruck wie die Maske selbst an.

Läßt sich der Spieler auf die Maske ein, verändert sich auch seine Atmung. Sie wird manchmal schneller und erregter, und manchmal werden die Atemorgane enger, die Atmung gepreßter.

So läßt die Haltung unter der Maske verstärkt Gefühle aufsteigen, die im Alltag nicht so deutlich wahrnehmbar sind. Gefühle wie Schmerz, Angst, Trauer, Jämmerlichkeit, Überheblichkeit, Lust, Ausgelassenheit und Freude.

Das erste Hineinschlüpfen in die Maske ist eine Begegnung zwischen dem Spieler und der Maske ohne Zuschauer. Das erste Eintauchen ist oft ein Verschmelzen mit dem Wesen, wenn es gelingt. Erst nach dieser ‹intimen› Erfahrung kommt das Distanz schaffende Auge des Zuschauers hinzu.

Das Wandeln in der Maske

Die Maskenspieler suchen noch für ihre Maske ein passendes Musikinstrument. Dann betritt einer nach dem andern das Reich der wirklichen Unwirklichkeit. Die Maske stellt sich mit einer Geste vor, mit einer typischen Bewegung, oder indem sie ihren Namen singt. Ein Musikinstrument unterstützt diesen Auftritt. Der Maskenträger hat es vorher einem der Zuschauer gegeben. Und so treten die Projektionen unserer inneren Engel und Dämonen auf die Bühne. Ihre Namen sind:

– Satyras Cherimbimba, der schöne eitle Faun
– Wotanaba, der Schamane
– Mahotep, der Fels
– «Drum lieb», der sinnliche Gnom
– Zarasu mit dem großen Mund und nur einem Ohr.

Wotanaba, der Schamane, tritt aus dem Busch hervor.
Mächtig und würdevoll.
Wirklich?
Hat er nicht auch Angst?
Warum macht er so viele aggressive Bewegungen?
Was trommelt er so laut? Er macht uns Angst.
Macht er sich selber Mut?
Was bedeuten die Schlangendämonen auf seinem Haupt?
Was suchst du, Wotanaba?
Einen Platz für dich? Dich selbst?

Verkörperung des Wesen-tlichen

Das Wandeln in der Maske auf der mythischen Bühne wird zum Prüfstein: Stimmt es? Bin ich wirklich die Maske? Verkörpere ich sie? Oder spiele ich etwas vor, was ich mir wünsche, was sich in mir aber noch nicht realisiert hat? Der Zuschauer merkt es. Ein Schauder der Spannung durchrieselt ihn, wenn das Wesen ganz ist, wenn Bewegung, Körper und Ausdruck übereinstimmen.

Darüber läßt sich schwer schreiben, das muß erlebt werden. Es hat weniger mit schauspielerischen Fähigkeiten zu tun als damit, wie weit ich mich auf die Maske einlassen kann.

Ich spiele nicht vor. Ich stelle nichts dar. Ich bin. Es ist eine Verwandlung.

Die Maske wandelt mich

Jeder Darsteller sitzt nach seinem Auftritt zwischen Bühne und Zuschauerraum, im Zwischenbereich der Umkehr, der Verwandlung, und erzählt der Gruppe von dem, was er erlebt hat. Dann wird der Spieler mit den Wahrnehmungen und Gefühlen der Gruppe konfrontiert. Schließlich erzählt er der Gruppe die Geschichte seiner Maske:

Ich heiße nicht! Ich bin! Wotanaba. Ich bin du in einer anderen Zeit, in der du aber auch bist. Ich bin ein Krieger und ein Schamane. Ich komme aus dir, wenn du bereit bist. Ich schütze dich auf deiner Suche nach dem Weg zu mir, und ich träume jeden Tag von dem Tag, an dem wir uns finden. Ich bin oft traurig, weil dein Weg verworren ist. Ich habe Angst, daß die Zeit schneller ist und der Tod wieder einmal dich ereilt, bevor wir uns begegnen. Die Schlangen auf meinem Haupt wurzeln in deiner und meiner Seele. Wenn du Kraft hast und den Willen, dann sind sie die Weisheit und das Leben. Wenn du du selber bist, dann hast du die Kraft. Wenn du schwach bist, schleicht sich das Gift der Schlangen in dich ein, läßt dich verfallen und sterben, ohne daß wir uns gefunden haben. Ich habe nur

Dann betritt einer nach dem andern das Reich der unwirklichen Wirklichkeit.

Läßt sich der Maskenspieler auf seine Maske ein, können Gefühle aufsteigen, die im Alltag nicht so deutlich wahrnehmbar sind oder nicht gezeigt werden: Gefühle wie Schmerz, Angst, Trauer, Jämmerlichkeit, Überheblichkeit, Lust, Ausgelassenheit, Freude usw.

einen Feind, die Zeit. Der Weg ist einsam, und meine Freunde kennst du noch nicht, weil du an ihnen vorbeischaust. Ich tanze oft einen einsamen Trommeltanz, dann hörst und spürst du mich. Mach dich endlich auf den Weg, damit meine Traurigkeit ein Ende hat.

Maskengeschichte eines Kursteilnehmers

Auf der Schwelle erleben wir das Gesicht des Spielers als verändert. Meist sind die Gesichter nach einem Maskenspiel sehr schön und entspannt. Die eigene Sichtweise wandelt sich, wenn sie durch die Sichtweise des anderen ergänzt wird. ‹Innen und außen› kommen zusammen, der Blickwinkel weitet sich, Wandlung geschieht.

Unsere Persönlichkeit ist durch Erfahrungen, die wir mit uns und unserer Umwelt machen, geprägt. Alle Erfahrungen, die wir im Alltag machen, interpretieren wir in unserem Denken. Wir legen diese Erfahrungen, soweit es geht, im Rahmen unserer Vorstellungswelt

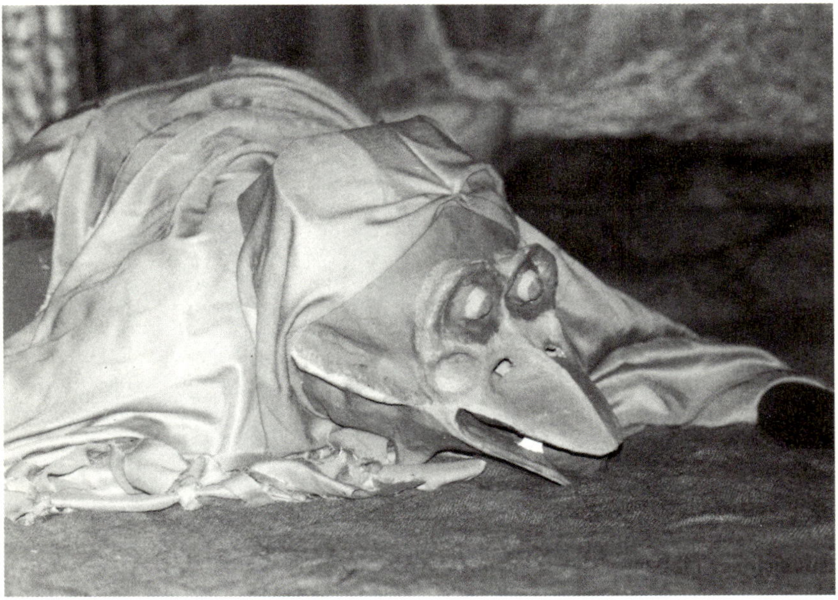

Ich spiele nichts vor – ich stelle nichts dar – ich bin. Es ist eine Verwandlung. Die Gestalt der Maske verkörpert sich in mir.

passend aus und erschaffen uns so unser Wirklichkeitsbild. Dieses Bild ist die ‹Brille›, durch die wir die äußere und auch die innere Welt betrachten. Was darüber hinausgeht, nicht in dieses Wirklichkeitsbild paßt, ist unbekannt und unheimlich – da ist kein Heim, keine Geborgenheit. Was unbekannt und fremd ist, macht Angst.

Vergleichbar mit unseren nächtlichen Träumen, geben Masken einen Einblick in die innere Realität unseres Unbewußten. Oft sind es schreckliche oder traurig-bedrückte Bilder, die dort angesiedelt sind. Diese Schattengestalten spielen auf der Bühne des therapeutischen Theaters ihr phantastisches Spiel. Es geht um das Anschauen dessen, was wir Persönlichkeit und Lebenshintergrund nennen, mit allen ‹schönen› und ‹schrecklichen› Puzzleteilchen – mit allen Masken.

Die Auseinandersetzung mit den Masken, die in dieser Arbeit entstehen, führt über die Grenzen des eigenen Wirklichkeitsbildes und damit auch des eigenen Bildes über sich selbst hinaus zu einer veränderten Sicht des Lebens.

IV.
Die Begegnung von Masken – Kontakt findet an der Grenze statt

«Die Bereiche diesseits und jenseits der Schwelle sind nicht gleichwertig. Schwelle ist nicht nur Ort der Scheidung. Sie ist Kontaktbereich und Austauschzone.»*

Der Protagonist

Eine Maske geht als Protagonist auf die Bühne und stellt ihr Lebenskonzept dar. Eine zweite kommt dazu und konfrontiert die erste mit einem antagonistischen Konzept. Jede Maske wird von ihrer dazugehörigen Musik ‹getragen›. Dabei ist jedem Maskenspieler mindestens ein Musiker aus dem ‹Publikum› zugeordnet.

Bevor die Masken miteinander agieren, präsentiert sich jede Maske für sich allein den Zuschauern, zeigt, wer sie ist. Erst wenn ich bin, wenn ich eine Existenz habe, kann ich Kontakt aufnehmen.

Und dann tanzen sie auf der Bühne, meine Projektionen von Napoleon oder vom Teufel. Von mir abgespaltene Teile meines Ichs, die ich oft lieber in anderen wahrnehme als in mir selbst. Oft sind es Gegensätze, die sich bekämpfen, oder Partner, die sich in ihren Lebenskonzepten ergänzen.

Jeder sucht sich selbst den Partner, der ihn am meisten reizt, eine Auseinandersetzung zu wagen, und wählt selbst den ‹richtigen› Zeitpunkt, auf die Bühne zu treten.

Die «Mondfrau» erscheint. Schön und sanft, fast unberührbar madonnenhaft wirkt sie. Dann eine wilde Percht, ein Feuerteufel: raschelndes Strohgewand, heftig und lüstern. Sie versucht, die Mondfrau anzuspringen, sie im wilden Tanz zu verführen. Diese nimmt die Herausforderung kaum an, hat es nicht nötig, sich in die Zuckungen des feurigen Wesens hineinziehen zu lassen. Die Mondfrau lockt ihrerseits ganz sanft, weich einladend. Beide stehen am Ende ebenbürtig nebeneinander. Gegensätze – gleichrangig und doch unabhängig voneinander. Eine Kursteilnehmerin

* Herbert Muck, a.a.O., S. 6.

Der Protagonist ist der, der sich im Zustand der Agonie befindet, im Lebenskampf, im Kampf zwischen Leben und Tod. Der Protagonist betritt als erster die mythische Weltbühne. Sein Thema, das er in das Spiel einbringt, ist das Thema des Spiels. Jeder kann zu jeder Zeit Protagonist sein, wenn er will. Je eindeutiger der Protagonist darstellt, wer er ist und was er auf dieser Bühne will, desto eher wird er einen Mit- und Gegenspieler finden. Manche Masken sind sich in ihrer Eindeutigkeit auch selbst genug.

Die Gesichtsmimik ist ausgeschaltet, Sprache ebenso, und damit ein Hauptteil dessen, was wir sonst zur Kommunikation als Medien benutzen. Beim Spieler bleibt die Körpersprache. Ein oder mehrere Musiker aus dem Publikum versuchen, die Impulse, die er gibt, aufzunehmen und musikalisch zu begleiten, zu verstärken, mitzutragen.

Wenn kein weiterer Spieler dazukommt, muß der Protagonist sein Spiel allein zu Ende bringen – wie im Leben.

Die Bühne dieses therapeutischen Theaters ist ein doppelt geschützter Raum. Alles kann und darf Thema sein, es gibt keine inhaltlichen Tabus. Aber alle aggressiven Handlungen werden ausschließlich symbolisch ausagiert. Der Protagonist kann also seinem Vater die Zunge rausschneiden, den Papst ficken oder jammernd heulendes Baby sein. Es ist erlaubt, die Auswahl trifft nur er selber. Der Spielraum Bühne ist ein Raum zum Ausprobieren, auch dessen, was in der Realität gefährlich sein könnte.

Der Antagonist

Der Antagonist ist der Gegenspieler des ersten Spielers. Er bezieht sich auf dessen Thema, er hat ein gegensätzliches Konzept. Er stellt die Strategie des Protagonisten radikal in Frage. Je deutlicher er das tut, um so größer wird die Spannung sein, um so eher wird eine Auseinandersetzung der beiden Partner stattfinden, wird eine Dramatik entstehen. Der Antagonist kann auch die Aussage, die der Protagonist macht, verstärken, übertreiben und so z. B. versuchen, dem Protagonisten die Absurdität seines Spiels aufzuzeigen.

Bevor der Antagonist mit dem ersten Spieler Kontakt aufnimmt, stellt auch er sich selbst erst vor, ist eine Zeitlang im Spiel für sich allein. Das ist wichtig, damit der andere Spieler sich auf ihn einstellen kann, einen ersten Eindruck erhält, wer da auf ihn zukommt. Es ist auch wichtig für die Zuschauer und den Spieler selbst, der dadurch besser in seine Verwandlungsform hineinfindet. Die Grundannahme dabei ist: Bevor ich mit jemandem eine Beziehung haben kann, interagieren kann, muß ich jemand sein, eine Existenz haben, ein Subjekt sein. Esse (lat. = sein) kommt vor Inter-esse (lat. = beteiligt sein).

Dieses Vorgehen entspricht dem Gestaltkonzept des Kontaktes. Kontakt findet an der Grenze statt. «Die Grenze ist der Ort, wo Gefahren abgewehrt und Hindernisse überwunden werden, wo ausgewählt und vereinnahmt wird, was sich als assimilierbar erweist. Was also ausgewählt und assimiliert wird, ist stets das Neue; der Organismus überlebt durch die Assimilation des Neuen, durch Verwandlung und Wachstum.»*

Wenn die eigene Identität nicht klar ist, wenn meine Grenzen nicht klar sind, kommt es leicht zur Symbiose. Diese Verschmelzung hat mit Kontakt nichts zu tun, sie bedeutet ein wie auch immer geartetes gegenseitiges Aufsaugen oder Aufgeben von Identität. Kommt

* F. S. Perls, R. F. Hefferline, P. Goodman, *Gestalttherapie* Bd. 1, Stuttgart 1979, S. 12.

es zu einer Abhängigkeit, wo einer zum Satelliten des anderen wird, die Beziehung damit statisch festgelegt ist, müssen die Identitäten und der Kontakt dementsprechend eingeschränkt oder unterdrückt werden.

Das gilt in besonderem Maß auch für den Gegenspieler: Eine Auseinandersetzung zwischen zwei Masken ist eine Form von Kontakt, wo zwischen den beiden Gestalten ausgehandelt wird, was möglich und was nicht möglich ist. Oft tauchen zwischen Protagonist und Antagonist die Strukturen auf, die Perls als den Topdog-Underdog-Konflikt gekennzeichnet hat.

Manchmal entlarvt der Antagonist ein Spiel, das der Protagonist spielt, indem er ihn beim ‹Wort› nimmt. Wenn der Antagonist den ersten Spieler verstärkt, werden oftmals erst die Konsequenzen und/oder die Motivation des Protagonisten klar.

Es passiert oft, daß der Konflikt mit dem Auftauchen des zweiten Spielers noch nicht klar wird oder daß die beiden in ihrer Interaktion steckenbleiben. Dann können weitere Spieler in ihren Masken auf die Bühne kommen, die jeweils einen ihnen wichtigen Aspekt ins Spiel bringen. Dabei sind drei Dinge wichtig:

1. Auf das Thema eingehen
2. Sich zuerst vorstellen, bevor man agiert
3. Die Anzahl der Spieler begrenzen

Die Musik wird größtenteils von den Zuschauern gemacht. Manchmal spielen die Masken auf der Bühne auch selbst ihre Instrumente, wenn es zu ihrer Personnage paßt. Je nach musikalischer Übung der Gruppe ist das Spiel der einzelnen Instrumente streng den jeweiligen Masken zugeordnet oder eher eine freie Improvisation. Beides hat seinen Reiz.

Die Dramatik des Spiels

Die Dramatik, wie sie die Zuschauer erleben, hängt hauptsächlich von drei Faktoren ab:

– Gelingt es den Spielern, sich in ihre Masken zu verwandeln und als Masken zu agieren, oder erfüllen sie irgendein wie auch immer geartetes Programm?
– Entwickelt sich in der Interaktion zwischen den Spielern ein Stück mit einem Spannungsbogen, der aufsteigt, zu einem Höhepunkt findet und dann wieder zur Ruhe kommt?
– Bin ich als Zuschauer betroffen von dem Stück auf der Bühne? Ist es in irgendeiner Weise auch mein Stück?

Ich erlebe im Spiel vor allem zwei Arten des Handlungsverlaufs:

1. Es gibt einen Ausgangspunkt, wo der Gegensatz der Figuren und Konzepte schon schnell klar sind. Eine Entwicklung ist zu erahnen und entfaltet sich auch mit fortschreitender Handlung als auf einen Höhepunkt zulaufende Spannung. Vielleicht kommt es zu einem oder mehreren Vorhöhepunkten, die noch keine Lösung bringen; schließlich aber ist ein Höhepunkt da, der eine Veränderung der Ausgangssituation mit sich bringt, wie auch immer! Nach dem Höhepunkt fällt die Spannung relativ schnell ab. Das folgende Diagramm veranschaulicht diese Entwicklung*:

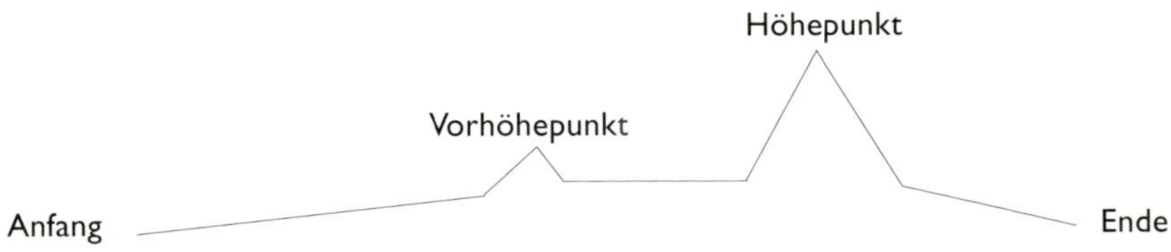

* Diese Kurve wurde als dramatische Parabel von Martin Luserke in der Struktur der Shakespeareschen Dramen entdeckt und vor allem für das Amateurtheater nutzbar gemacht. Es ist gut dargestellt in:
Hans Giffei (Hrsg.), *Theatermachen*, Ravensburg 1982, S. 42 ff.

Dieses Muster wird vom Zuschauer meist von Anfang bis Ende mit Spannung verfolgt und hinterläßt bei ihm oft ein Gefühl der Zufriedenheit. Vor allem, wenn die Schauspieler einen Konflikt gelöst haben, von dem der Zuschauer selbst auch betroffen ist. Die Spieler haben den Konflikt scheinbar für den Zuschauer stellvertretend mitgelöst, auch wenn dies dem Zuschauer in Wahrheit wenig nützt.

2. Meist ist schon am Anfang nicht klar, was die Spieler jeweils wollen, was ihre Motivationen und Strategien sind. Die Spannung steigt oft nur wenig an, fällt dann schnell wieder ab, steigt vielleicht wieder an … und dieses Pendeln kann endlos, bis zur völligen Erschöpfung der Spieler und der Zuschauer weitergehen, ohne daß sich die Situation merklich verändert. Das Spiel endet dann meist, wenn der Spieler mit der geringsten Frustrationstoleranz von der Bühne abtritt. Sein Mitspieler folgt ihm meist auch bald, da er allein erst recht nicht mehr weiß, was er noch soll, sofern nicht ein Dritter das Spiel in ähnlicher Form aufgreift oder aber völlig neue Impulse mitbringt.

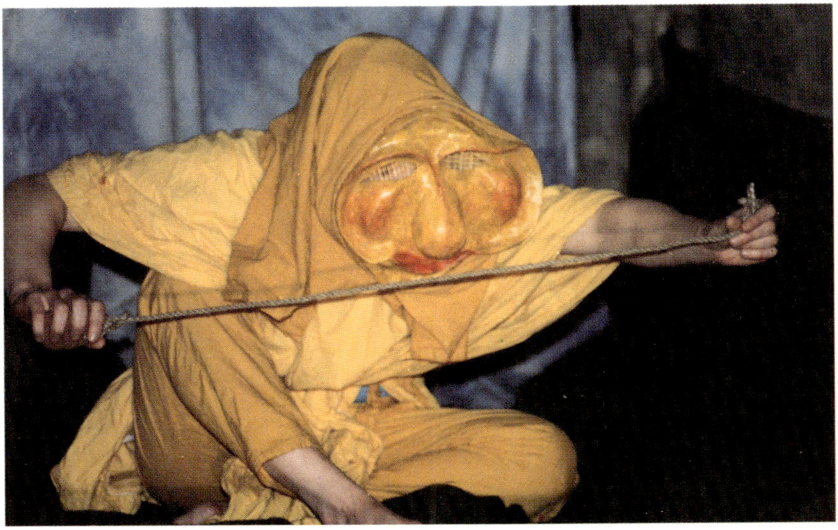

Dieser Verlauf läßt sich etwa so verdeutlichen:

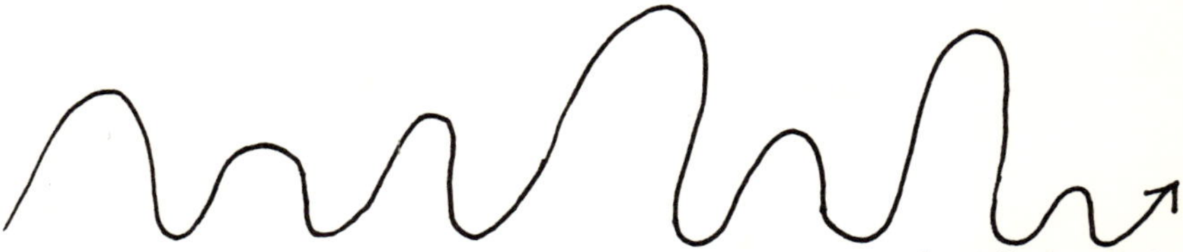

Das erste Muster ist oft auch identisch mit dem klaren Auftauchen einer Figur aus dem Hintergrund (im Sinn der Gestaltarbeit) und dem Schließen der Gestalt. Bei der zweiten Struktur ist die Vordergrundfigur nicht klar in ihren Wünschen, Ängsten, Strategien; es ist nicht offensichtlich, welchem Hintergrund sie entspricht. Formaler Aufbau der Stücke, Inhalt und Sinn gehen hier anscheinend zusammen.

Reflexion des Spiels

Die Gruppengespräche nach den Spielen sind sehr wichtig. Die Spieler erleben durch die engen Gucklöcher ihrer Masken nur einen sehr begrenzten Ausschnitt der gesamten Spielwirklichkeit. Schon wenn mehrere Spieler sich auf der Bühne befinden, verliert der einzelne schnell den Überblick. Die Zuschauer nehmen viel wahr, was die Spieler selbst nicht bemerken. Sie sehen vor allem das äußere Bild, erfahren aber nichts über die in den Spielern ablaufenden inneren emotionalen Bewegungen und Triebkräfte. Deshalb ist ein Austausch bereichernd für beide Seiten. Jeder hat so die Möglichkeit, Ergänzungen seiner Wahrnehmung aufzunehmen.

Die Auswertung sollte sich zunächst auf die Spieler und vor allem die Protagonisten konzentrieren. Natürlich hat auch jeder Zuschauer eine Menge Phantasien und Projektionen, die er erst einmal zurückhalten und vielleicht in einer Schlußrunde anfügen kann, als eigene Betroffenheit oder eigene Phantasien.

Die Auswertung kann zäh und langatmig werden, wenn ich keine feste Struktur gebe. Meist beginne ich die Auswertung so, daß ich den Protagonisten bitte zu erzählen, was er erlebt hat, seine Gefühle, seine Motivationen, und vor allem, wie es ihm jetzt, nach dem Spiel geht. Dann sind die übrigen Spieler dran, in der Reihenfolge, in der sie auf die Bühne gegangen sind. Die Zuschauer bitte ich zu ergänzen, wo sie etwas anderes gesehen (wirklich gesehen!) haben. Eine gute Möglichkeit ist auch, daß nur eine oder zwei Personen die Gruppe der Zuschauer vertreten.

Manchmal ergibt sich aus einer Gruppenrunde die Vertiefung eines Themas mit einem der Spieler, wenn eine Gestalt akut aufgebrochen ist. Ich versuche, darauf einzugehen, wenn die Gruppenenergie das zuläßt, oder ich biete die Möglichkeit einer Gestaltrunde später am selben Tag an.

V.
Masken – die Wächter und Türen an den Grenzen unseres Wirklichkeitsbildes

«Wer wir sind, wir Menschen, wissen wir nicht. Wir sind uns nur selber gegenwärtig und Gegenstand unserer Erfahrung in der gewissen ‹Verkleidung›, die uns aus einem Spiegel entgegenschaut und die wir unsere Person zu nennen belieben. Oh, wie beunruhigt sind wir, wenn wir nur das Paket kennen mit der Anschrift darauf: Absender – die Eltern; Empfänger – das Grab; Paketsendung von unbekannt nach unbekannt mit verschiedenem Postvermerk. Als Wertsendung deklariert oder als Muster ohne Wert – je nach Meinung unserer Eitelkeit. Kurz: Was wissen wir Pakete von dem Inhalt der Sendung?
Mir scheint, als transfiguriere sich der Inhalt je nach Belieben der Kraftquelle, von der diese fluide Substanz ausgeht. Ganz andere Wesen sind das, die durch uns hindurchscheinen.»*

Die Maske als Grenzwächter

Viele Masken, die in der Maskenarbeit auftauchen, können als Gestalten aus der geistigen Welt gesehen werden. Zu den zahlreichen kinesiologischen Studien über die Masken mit Herrn Heino Brüll, praktizierender Kinesiologe, Künstler und Heilpraktiker, zeigte sich, daß die Masken aus verschiedenen geistigen Bereichen kommen und mit ihren jeweiligen Erbauern in Beziehung stehen.

So, wie der Körper die ‹Hülle› unserer Seele ist, so kann die Maske als eine weitere Hülle gesehen werden, die wir unserem Körper bzw. unserer Seele überstülpen können.

Wie unsere Persönlichkeit bestimmte Aspekte unseres tieferen Wesens hindurchscheinen läßt, läßt die übergestülpte Maske andere Wesensaspekte nach außen wirken. Indem wir uns auf solche Masken einlassen, ist es möglich hinüberzuschreiten in andere Dimensionen unseres Seins.

In der Literatur wird an vielen Stellen über diese geistige Welt der anderen Dimension geschrieben:

* Gustav Meyrink, *Der Engel vom westlichen Fenster*, Knaur 1984, S. 352.

Diese objektiv reale, innere Welt nennt C.G. Jung das kollektive Unbewußte: im Frühchristentum hatte man sie die Welt des Geistes genannt, und bei den Indianern kann man sie in der mythologischen Welt der Geistwesen wiederfinden.

J. A. Sanford spricht davon, daß unser bewußtes Leben auf dem weiten Ozean einer inneren Welt ruht, von der wir sehr wenig wissen. Diese innere Welt ist ebenso real wie die äußere Welt der physischen Wirklichkeit. Die Dimension des Unbewußten existiert unabhängig davon, ob wir existieren oder nicht.*

H. P. Blavatsky spricht von dem allgegenwärtigen kosmischen Äther, der für die Alten nicht ein unbewohntes leeres Etwas war, das sich durch den weiten Himmelsraum erstreckte. Er war ein uferloser Ozean, welcher ähnlich wie unsere irdischen Meere bevölkert war, in welchem Götter und Planetenengel, sowohl riesige als auch kleine Geschöpfe wohnten, und dieses Weltmeer hatte in jedem seiner Atome den Keim des Lebens entwickelt, vom latenten Zustand bis zum vollkommenen.

Und ähnlich spricht auch E. Buwler-Lytton von einem Raum mit Millionen von Wesen nicht nur geistiger Natur. Wie die Mikroben, welche das unbewaffnete Auge nicht sehen kann, haben auch sie gewisse materielle Formen, wenn auch fein und ätherisch, die mit einem Schleier oder Spinnengewebe verglichen werden könnten, welche den Geist bekleiden.**

Die Prägungen des Menschen bilden die Grenzen unserer Persönlichkeit, und das Loslassen dieser Grenzen gibt uns die Chance zu wachsen. Die Masken weisen über die Grenzen unserer Wirklichkeitsbilder hinaus und markieren gleichzeitig diese Grenzen. So, wie die Masken Grenzwächter der Persönlichkeit sind, sind sie auch Türen, durch die wir gehen können, um uns anderen Wirklichkeiten zu nähern und zu lernen, mit den anderen Augen zu sehen. Die Masken

* J. A. Sanford, *Unsere unsichtbaren Partner*, Ansata 1986, S. 98.

** H. P. Blavatsky und E. Buwler-Lytton in: F. Hartmann, *Elementargeister*, Schatzkammer Verlag, S. 6 und 7.

sind Wächter und Türen zu uns selbst und zur geistigen Welt. Sie sind Wächter, wenn wir vor ihnen zurückschrecken, und sie werden zur Tür, wenn wir diese Gestalten annehmen können.

Masken und Reinkarnation

Die Maskenarbeit, so wie wir sie seit vielen Jahren betreiben, ist auch ein Weg, diese nicht offensichtliche Welt zu erkunden. Um über die Maske als Tür in diese geistige Welt zu gelangen, gibt es verschiedene Wege. Einige davon sind unter dem Thema Verwandlung, Maskentherapie, Maskentanz und Theater des Seins erläutert.

Ein anderer Weg ist die Rückführung, in der ebenfalls die Maske als Tür verwendet werden kann. In der Rückführung geht es um ein Zurückgehen in der Zeit, in die Vergangenheit dieses Lebens und darüber hinaus weiter zurück in frühere Leben wie auch in die Zwischenzustände zwischen den Leben, die wir als Tot-Sein bezeichnen.

Um die ganze Botschaft einer Maske und ihrer Thematik zu erfahren, kann es hilfreich sein, ihre Spur zurückzuverfolgen, bis zu den Ereignissen, die der Maske ihre Prägung gaben. Hier zeigte sich ein Weg, wie man mit der Maske in die Rückführung gehen kann.

Der Weg in die Reinkarnation geht über Tiefenentspannung und geführtes Visualisieren. Informationen, die im Unbewußten gespeichert sind, steigen dabei anfänglich bildhaft hervor, aktivieren dann aber auch andere Sinneseindrücke und die damit verbundenen Emotionen. In einer solchen Rückführung werden die Situationen eines früheren Lebens vom heutigen Bewußtsein aus beobachtet und gleichzeitig gefühlsmäßig erlebt. Man ist also die ganze Zeit bewußt dabei und kann vom heutigen Standpunkt aus spontan kommentieren oder jederzeit Wünsche zur Führung der Rückschau äußern. Es wird meistens nicht von vornherein auf ein bestimmtes Leben abgezielt, sondern man wartet ab, was das Unbewußte zur Aufschlüsselung der Maske zeigen möchte. In der Regel zeigt sich ein Leben, das mit der heutigen Existenz noch etwas zu tun hat.

Friedvolles Loslösen von belastenden Gestalten

Wenn wir über die Maske in der Rückführung zu dem Ereignis gelangen können, bei dem diese Masken-Thematik entstanden ist, wird es möglich, diese Situation über den Kontakt mit dem höheren Selbst, mit Dialogen, Licht, Farben oder Symbolen zu integrieren und zu heilen. Da visualisierte Farben gleichzeitig in unseren feinstofflichen Körper einwirken, helfen sie, diese dort gespeicherten unverarbeiteten Erlebnisse abzulösen und die Aura wieder leuchtender und stabiler zu machen.

Vergleichbar mit dem Weg der Geistheilung oder dem Energieheilen ist es dann auch möglich, die nicht erlöste Energie der Maske zu ihrer Bestimmung zu führen.*

In einer Rückführung gibt es viele verschiedene Übergangshilfen, um in Kontakt mit einem früheren Leben zu kommen, wie z. B. als Vogel aufsteigen, mit dem Boot in eine Höhle fahren, über eine Brücke gehen, die im Nebel liegt usw. Darüber gibt es inzwischen viel Literatur. Die folgenden Beispiele sollen die Verbindung von Maske und Rückführung veranschaulichen.

* Zu den Themen: Arbeit mit dem Höheren Selbst, Heilung mit Licht und Farben sowie Geistheilung siehe:
Allan Kardeck, *Buch der Geister, Buch der Medien*, Esotera Bauer, Freiburg i. Br., 1987.
Phyllis Christal, *Die inneren Fesseln sprengen*, Ryvellus, 3. Aufl. 1991.
B. N. Brannen, *Lichtarbeit*, Goldmann 1989.

Eine Rückführung mit einer Maske

Nachdem der Maskenbesitzer (M) sich entspannt hat, identifiziert er sich mit der Maske, um in dieses Wesen hineinzufinden. Sein Begleiter (B) führt ihn, indem er Fragen stellt.

M: Ich habe eine breite Stirn. Meine rechte Gesichtshälfte ist rot mit braun und etwas grün. Meine linke Gesichtshälfte ist bunt: braun, weiß, grün, gelb, rot und blau. Ich sehe aus, als wenn meine linke Gesichtshälfte die rechte vereinnahmen wollte. Ich habe eine gerade Nase, sie ist rund, nicht eckig. Ich habe einen lächelnden Mund, aber das Lächeln ist traurig. Über meine Augen kann ich nichts sagen, sie sind nur da.

B: Schaue einmal auf deinen Körper. Wie sieht dein Körper aus?

M: Ich trage ein Gewand, ein langes Gewand. Es ist weit und hat keine Arme.

B: Kannst du deine Füße sehen?

M: Nein

B: Was ist unter dem Gewand?

M: Nichts, unter dem Gewand ist nichts.

B: Was tust du?

M: Ich schwebe.

B: Beschreibe, was du siehst.

M: Es ist alles grün. Links und rechts sind Bäume. Ich schwebe einen Weg entlang. Eigentlich ist es kein Weg, es ist eine Wiese, wo rechts und links Bäume stehen.
Es sieht aus, als wenn sich nie etwas verändern würde, egal wie weit ich fliege.
Die Sonne scheint, ich schaue mich um, ich tanze, ich bin frei. Es ist wunderschön, so frei zu sein.

B: Bist du allein?

M: Ich bin allein, es ist schön, allein zu sein.

B: Siehst du noch andere Wesen, Tiere, Vögel …?

M: Nein, ich bin ganz allein. Ich sehe Bäume, Wiese und die Sonne. Ich kann in die Sonne sehen, und ich bin frei, so wunderbar frei.

B: Du kannst nun auf deinem inneren Zeitstrahl zurückgehen, bis zu dem nächsten wichtigen Ereignis, und sage mir, was du wahrnimmst.

M: Ich sehe Häuser, sie sind eingezäunt. Ich sitze vor einem Haus, hinter dem Zaun, im Dreck.

B: Kannst du deine Füße sehen?

M: Nein.

B: Wie sehen die Häuser aus?

M: Sie haben nur eine Etage, stehen dicht zusammen, aber jedes hat einen Zaun.

B: Was siehst du noch?

M: Häuser, Frauen, sie haben alle Kopftücher um. Sie laufen die Straße hinunter. Eigentlich ist es keine Straße, es ist ein schmutziger, kleiner Weg, er ist nicht gepflastert.

B: Was ist da noch zu sehen?

M: Hunde sind da. Alle laufen die Straße hinunter.

B: Siehst du, wohin sie laufen?

M: Nein, sie laufen die Straße hinunter.

B: Wie fühlst du dich?

M: Mir ist kalt. Ich fühle mich schmutzig.

B: Möchtest du aufstehen und sehen, wo sie alle hinlaufen?

M: Ich glaube, ich habe Angst.

B: Du brauchst keine Angst zu haben, du bist in Sicherheit.

M: Sie laufen zu einem Platz. Da ist ein Stamm, alle stellen sich um den Stamm. Sie wollen etwas verbrennen.

B: Du kannst jetzt von diesem Ort weggehen oder dir näher ansehen, was da geschieht.

M: Ich möchte sehen, was sie verbrennen wollen. Da steht ein Mann, ein kleiner Mann. Er sieht aus wie ein Soldat, er sieht lustig aus.

B: Frag ihn, wo du bist.

M: Er sagt es mir nicht.

B: In welchem Jahr bist du?

M: 1800.

B: Wo bist du jetzt?

M: Ich bin ganz vorn in der ersten Reihe. Sie wollen mich verbrennen! Warum wollen sie mich verbrennen?
Das Feuer ist heiß. Ich will meine Hände losmachen, aber ich schaffe es nicht.

B: Du kannst jetzt aus dieser Situation hinausgehen und dir die ganze Szene als Bild von außen anschauen.
Frage dein höheres Selbst, welche Farbe diese Situation braucht, um zu heilen.

M: Violett.

B: Lasse nun die violette Farbe in das Bild einfließen und teile mir mit, was geschieht.

M: Es ist besser, nicht mehr so heiß. Das Feuer kann mir nichts mehr anhaben ... aber die Frauen, sie wollen mich brennen sehen.

B: Sie können die Farbe nicht sehen. Du bist in Sicherheit.
Frage nun dein höheres Selbst, ob da noch mehr ist, was du sehen sollst.

M: Ja, da ist noch mehr, aber nicht für heute. Heute ist genug.

B: Dann gehe noch einmal in die Situation, wo du frei warst und schweben konntest. Geht das?

B: Nun komme zurück hierher in diesen Raum. Du bist wieder du selbst, und stelle dir vor, daß dir deine Maske gegenübersitzt oder -steht.

M: Sie steht mir gegenüber.

B: Frage nun deine Maske, ob sie eine Botschaft für dich hat.

M: Ich soll auf meine Gefühle achten, das tun, was mein Inneres mir sagt, nicht immer dagegen arbeiten.

B: Bedanke dich bei ihr und frage, ob du etwas für sie tun kannst.

M: Ich soll sie freigeben.

B: Wie sollst du sie freigeben?

M: Ich soll sie verbrennen.

B: Wo sollst du sie verbrennen?

M: Auf einer Wiese.

B: Siehst du deine Maskengestalt?

M: Ja.

B: Rufe zwei Engel, laß sie links und rechts von der Gestalt stehen.

Sag deiner Gestalt, daß die Engel da sind und daß sie sie sehen kann. Was geschieht jetzt?

M: Sie fassen sich an, sie fliegen weg …
Ich möchte so gerne mit ihnen fliegen …

Eine andere Rückführung mit einer Maske

M: Maskenbesitzer
B: Begleiter

M: Meine Haare stehen mir zu Berge, wie wenn sie noch höher hinaufsteigen wollten. Die Spitzen meiner Haare oder meiner Stirn oder meines Kopfes wollen noch höher hinauf als es geht, als wenn sie eine Verbindung suchten.
Ich spüre eine ganz enge Verbindung der Haare zu meinem Kopf, zu meiner Stirn. Und ich spüre, daß meine Augenbrauen wulstig hervorschauen. Meine rechte Augenbraue schwingt hinunter zum Kinn, als wenn ein Ohr aus ihr herauswachsen wollte. Gleichzeitig umschließt sie so etwas wie ein Auge, das darunterliegt oder eine Öffnung, die Auge und Ohr zugleich ist.

B: Kannst du diese Stelle genauer beschreiben?

M: Es ist eine Öffnung, wo Auge und Ohr zusammenfließen wie ein Organ, das ganz weit geöffnet ist. Und meine Augenbraue wächst aus meiner Nase heraus, genauer gesagt aus meinem Nasenbein. Und meine linke Augenbraue wächst auch aus meinem Nasenbein heraus und öffnet sich auch, so als wenn sie mein Ohr mit hineinnehmen wollte, aber die Öffnung ist nicht so weit. Meine linke Augenbraue schließt sich auch meinen Lippen an, genauer gesagt, meiner Unterlippe, so als wenn sie eine Verbindung … sie schafft eine Verbindung zu meinem Mund. Alle meine Sinnesorgane fließen dort zusammen: das Auge, das Ohr, der Mund. Die Augenbraue auf meiner linken Seite umschließt das Ohr und die untere Lippe und fließt hinein in die obere Lippe. Ich schiebe meinen Mund hervor, wie einen Rüssel oder wie ein Sauggefäß.

B: Welche Farbe hast du?

M: Ich habe eine bräunliche Farbe.

B: Schau doch mal an dir hinunter. Wie sieht dein Körper aus?

M: Ich sehe nur meine Brust und meine Arme, und darunter ist es dunkel, und weiter weg von mir ganz dunkel.

B: Kannst du deine Füße sehen?

M: Nein, ich kann sie nur ahnen. Es ist mehr so, als wenn meine Brust und meine Arme in einen Bogen hineingehen ... und darunter wird es ganz dunkel.

B: Wie fühlt sich dein Körper an?

M: So, wie ganz weit weg von mir.

B: Ist dein Körper leicht oder schwer?

M: Ich fühle mich schwer!

B: Wie sieht deine Umgebung aus?

M: Ich sehe Bäume, ganz hohe Bäume, grüne Blätter, einen fahlweißen Himmel und dunkle Stämme ...

B: Was geschieht weiter?

M: Ich sehe einen Wald – eine Lichtung. (Lange Pause.)
Ich bin traurig.

B: Was geschieht jetzt?

M: Da ist links mehr der Wald, mehr die Stämme, mehr die Blätter – hier fühle ich mich geborgener. Und rechts ist eine größere Öffnung, eine Helligkeit, die mir aber mehr Angst macht, die ich nicht fassen kann. Das ist unheimlich, dieses gräulich-weiß ... es ist nicht schön ... es sind keine Farben. Ich liege da und kann nicht weg.

B: Wie sieht der Ort aus, wo du bist?

M: Ich lieg da im grünen Gebüsch. Hier ist viel Farn. Ich sehe mein dunkles, sandiges Gesicht; und ich sehe meine Arme, meine Schultern; ich bin bräunlich, mehr lehmig, und mein Körper, je weiter er nach unten geht, sehe ich dunkel, fast wie Moor, und es ... es ist ... wie wenn die Füße schon im Moor wären, schon Moor sind. Es ist fast wie hineingeschmolzen in ... so etwas wie eine moorige Substanz oder Erde ... aber meine Schultern und mein Kopf sind da.

B: Wie fühlt sich das von innen an?

M: Das ist so ein Gefühl von Weite ... das ist eigentlich auch ganz angenehm, so ruhig, so wie ... so wie ... so ganz ohne Spannung, so hingegeben und ein wohliges Gefühl auf der linken Seite mit den Farben, auch so etwas wie ein sehnsuchtsvolles Gefühl. Und die rechte Seite ist hell, und da weiß ich nicht, wohin das geht.

B: Was geschieht jetzt?

M: Ich bleibe da an der Stelle, ich kann mich von oben betrachten. Es ist, als wenn das Licht mit meiner rechten Körperhälfte verbunden wäre. Es ist wie ein Kanal, wie ein ganz breiter oder eine Schleuse ... mir ist, als ob sich um diese Schleuse herum Dunkelheit bildet. Oben scheint das Ganze wie ein Trichter geöffnet zu sein.

B: Frage das höhere Selbst, ob es das ist, das du anschauen sollst ...

M: ... Ich soll beides ansehen.

B: Schaue dir diese Situation weiter an und erzähle, was da geschieht.

M: Die Stämme und die Blätter auf meiner linken Seite werden immer dunkler, wie eine dunkle Wand, und von der rechten Seite her ist es hell, da ist es ganz, ganz hell, wie eine Sonne. Der dunkle Wald wird immer dichter, wie eine Wand.

B: Schau dir einfach weiter an, was da geschieht. Stell dir vor, du seist ein neutraler Reporter ...

M: Diese Helligkeit, die verändert sich, die wird farbig, geht ins Braun, bekommt unterschiedliche Formen ... ja Rot ... es ist, als wenn diese dunkle Wand immer mehr zurückginge. Da ist so etwas wie ein Boot oder ein Zeppelin, das immer mehr Raum über mir ergreift. Es kriegt jetzt eine Form, die wieder etwas bedrohlich ist.

B: Du kannst mit dieser Form sprechen, ihr Fragen stellen, wenn du magst.

M: Was bist du für ein Gebilde? Warum schwebst du jetzt über mir?

B: Laß es antworten ...

M: Wer bist du? ... Ich bin ein Dämon!

B: Frage, was er hier tut.

M: Was tust du hier? ... Ich halte dich da fest auf dem Boden.

B: Gehe nun aus dieser Situation hinaus und schaue sie von außen an. Frage das höhere Selbst, welche Farbe diese Situation braucht, um erlöst zu werden.

M: Gold.

B: Lasse in diese Situation goldenes Licht einfließen und erzähle, was da geschieht.

M: Meine Gestalt wird in goldenes Licht eingehüllt, es fließt um die ganze Gestalt herum in die Erde hinein, so wie ein fester Schutzpanzer.

B: Frage dein höheres Selbst weiter, ob diese Situation noch eine andere Farbe braucht, um zu heilen.

M: Lichtes Blau.

B: Lasse diese Farbe ebenfalls in das Bild einfließen und erzähle, was dann geschieht.

M: Das Blau geht in das Gesicht hinein und auch in den Körper und fließt die Wirbelsäule hinunter wie Wasser. Der Sand bleibt z. T. auch mir ... jetzt zerfließt er im Wasser. Und das Blau fließt durch die Wirbelsäule und durch den ganzen Körper hindurch und am Kreuzbein wieder heraus. Es ist, wie wenn eine Quelle hindurchfließt.

B: Was geschieht weiter?

M: Es ist, als wenn das Ganze zu einem Bach, ... zu einer Quelle geworden wäre, zu einem Wasser unter der Sonne. Als wenn das eine das andere nährte. Ach, und aus der Helligkeit, aus dem Gold, kommen die Strahlen wieder, wie die Strahlen aus der Stirn meiner Maske, es sind aufsteigende Strahlen. Die kommen aber jetzt von oben wieder durch die Stirn herein, und sie gehen aufs Wasser. Sie funkeln im Wasser. Es glitzert im Wasser; die Strahlen gehen in das Wasser hinein.

B: Was geschieht jetzt?

M: Mein Körper ist wie bräunliche, rote Erde, bräunlich-rot, ein bißchen violett, ein bißchen schwarz. Er geht in das Wasser hinein; er ist wie ein Bett für das Wasser.

B: Wie fühlst du dich jetzt?

M: Ich fühle mich jetzt ganz wie in dieser braun-roten Erde, umspült von dem Wasser und durchdrungen von dem Licht. Es wärmt mich. Und aus mir heraus werden Bäume wachsen und Blumen. Es ist wichtig, daß ich Erde bin.

B: Frage dein höheres Selbst, ob es noch eine weitere Farbe gibt, die diese Situation braucht, um zu heilen.

M: Ja, ja, violett fehlt.
Es ist wie im Flugzeug; der ganze Himmel ist voller Gold und Violett, das hineingeht in die Landschaft, hineingeht ins Wasser. Die ganze Atmosphäre, sie sinkt in das glitzernde Wasser hinein ... und immer wieder Gold und immer wieder Licht. So wie eine ... als wenn das Violett ganz stark auf dem Herzen läge, das Herz umgäbe, und jetzt wird es wieder gold. Es wird ganz blau-violett und golden und hell.

B: Wie fühlst du dich?

M: Als wenn ich weggenommen würde, abgehoben würde. Das ist ein heller Schein. Ich sehe noch keine richtige Form ... eine Gestalt wird sichtbar. Ich habe ganz lange Engelshaare und bin höchstens 13 Jahre alt.

B: Du kannst jetzt dieses Wesen fragen, ob es eine Botschaft für dich hat.

M: Sei unbeschwerter, sagt es, lach' mehr, laß nicht soviel Last auf dein Herz gehen. Baumel mehr mit den Beinen, so wie du es als Kind getan hast. Die Gestalt sitzt da, so wie ich als Kind mit 6 oder 7, und lacht.

B: Frage das höhere Selbst, ob es heute noch etwas weiteres zu tun gibt, oder ob das so gut ist.

M: Es ist gut so.

B: Komm nun wieder zurück und stelle deine Maskengestalt dir gegenüber vor. Bedanke dich bei ihr und frage sie, was du für sie tun kannst.

M: Sie möchte erlöst werden.

B: Stelle dir vor, wie die Engel zu ihr kommen und zeige ihr die Engel.

M: Ja, es geht. Sie geht mit den Engeln mit.

Die Maske erweist sich in der Reinkarnationsarbeit, wie andere Übergangsweisen, auch als hilfreiche Tür zu Ereignissen aus früheren Leben. Darüber hinaus hat die Maske eine spezifisch eigene Thematik: Es ist das Thema Gesicht und Antlitz. Die Ausrichtung auf das Thema Gesicht und Antlitz bringt innere Zentrierung und aktiviert eine ordnende und stabilisierende Lebenskraft (siehe Kapitel «Maske, Gesicht, Antlitz», S. 168).

VI.
Gestalttherapie mit Masken

Den eigenen Mythos leben

Masken sind für die Gestalttherapie so interessant, weil sie die Möglichkeit bieten, eine Idee, eine Vision, eine Projektion lebendiges Wesen werden zu lassen.

Therapie mit Masken als Heilen, im Sinn von ‹an Ganzheit erinnern›, vollständig werden, hat es zu allen Zeiten gegeben. Sie gründet auf der einzigartigen Bedeutung der Maske als Ort der Verwandlung und Integration:

«Die Maske ist das Gerät einer vereinigenden Verwandlung: negativ so, daß sie trennende Grenzen, wie die zwischen Lebenden und Toten, aufhebt und Verborgenes zum Vorschein treten läßt; positiv, indem diese Befreiung des Verborgenen, Vergessenen oder Nichtbeachteten zugleich die Selbstidentifikation des Maskenträgers mit ihm ist.»*

Masken sind mythische Wesen. Sie gehören einer bildhaften vorsprachlichen Welt an. Wenn wir mit Masken umgehen, werden die Mythen, nach denen wir unser Leben ausrichten, lebendig. Die aktuellen Themen unseres Unbewußten haben in Masken, die wir schaffen, die Möglichkeit zur Verkörperung. Ich nenne daher meinen Ansatz, mit Masken und Gestalttherapie zu arbeiten, *lebendigen Mythos.*

Gestalttherapeutische Prinzipien und die Strukturen des mythischen Denkens sind wesensverwandt.

* Karl Kerenyi, *Humanistische Seelenforschung*, Darmstadt 1966, S. 342.

Mythologie – Gestalthintergrund

Die Maske ist Bild und Wesen zugleich. Sie entstammt der animistischen Schicht des menschlichen Bewußtseins. Diese Kulturstufe ist geprägt durch matriarchales, ganzheitliches mythisches Denken, stammesgeschichtlich differenziert und menschheitsgeschichtlich archetypisch (im Sinn von C.G. Jung) verwurzelt.

Mythologie dient hierbei der Orientierung in der Welt von Raum und Zeit und der aktiven Aneignung von Welt. Von Bedeutung ist das Handeln der Menschen nur insoweit, als es dem ursprünglichen Handeln der Götter, der Menschen der Ur-Zeit oder dem Handeln der mythischen Ahnen entspricht. Dieses Verhaftetsein mit und in der Natur impliziert, daß der Mensch durch sein Handeln zur Entwicklung der Natur, zu ihrer ewigen Wiedergeburt beitragen muß. Die Sonne geht nur auf, wenn der Horus-Priester sie mit erhobenen Händen begrüßt und sie damit symbolisch unterstützt.

‹Horus› ist die Sonne über dem Horizont und steht nach C. G. Jung psychologisch für das Bewußtsein. Die vier Söhne des Horus sind die vier Haupthimmelsrichtungen, oft dargestellt in Tiergestalt, als Adler, Löwe, Stier und Schlange. Die Vierheit dieser Tiere ist ein Bild für den universalen Menschen und spielt eine wichtige Rolle in der Maskenarbeit als kategorialer Rahmen. Sie zeigt vier Aspekte der Ganzheitlichkeit unserer menschlichen Existenz, vier Grundrichtungen unseres menschlichen Horizontes.

Die mythische Bewußtseinsschicht erleben wir heute am ehesten noch in unseren Träumen. Die Sprache der Träume und Mythen ist nach Erich Fromm die einzige universale Sprache der Menschheit. Mythen sind demnach die großen Träume der Menschheit, und unsere nächtlichen Träume sind individuelle Mythen.* Die mythische Wirklichkeit entfaltet sich auch unter Einfluß von Drogen, bei Trance-Erfahrungen, in den unbewußten Gestaltungen des Alltags und in

* Erich Fromm, a.a.O.

den bewußt vorgenommenen Gestaltungen des Unbewußten. Alles, was wir nichtsprachlich ausdrücken, entstammt überwiegend dieser Schicht: kreative Gestaltungen, Verdrängen, Vergessen, Projektionen, unsere Art, uns zu bewegen, zu tanzen, Vorträge zu halten ...*

Indem wir Alltag leben, drücken wir uns aus, wie wir essen, wie wir trinken, wie wir lieben ... dabei folgen wir immer noch mythischen Vorbildern. Und die scheinbaren Zufälle des Alltags sind eher Ereignisse, die wie ein Echo auf uns zurückfallen.

Masken bauen, malen, künstlerische Aktivität jeglicher Art ist unabhängig davon, ob es dem Künstler bewußt wird, daß er unbewußtes Material gestaltet oder nicht. Der unbewußte Anteil ist grundsätzlich vorhanden. Wir können unbewußte Inhalte ins Bewußtsein transformieren, was aber nie zu einer völligen Auflösung der unbewußten Inhalte führt. Neue Schichten drängen nach. Was Hintergrund war, wird Vordergrund.

Was in der Gestalttherapie der Begriff ‹Hintergrund› meint, ist in der Mythologie aller Völker das Ur-Chaos, der Zustand des Ungeordneten, aus dem heraus sich Schöpfung, Ordnung, Gestalt entwickeln.

In der therapeutischen Arbeit mit Masken entsteht ein jeweils individueller Hintergrund anhand eines Themas, zu dem die Teilnehmer meditieren, malen, phantasieren. Dieser Hintergrund wird von dem einzelnen aufgrund seiner individuellen Biographie und seiner momentanen Erfahrung gestaltet, erschaffen und dabei ebenso mitbestimmt von jenem Teil des Unbewußten in uns, den C. G. Jung das kollektive Unbewußte genannt hat. Letztere Schicht des Unbewußten enthält uns Menschen gemeinsame, also überpersönliche Symbole, die Archetypen, die sich durch individuelle Erfahrung nicht ausschöpfen lassen. Wenn archetypische Symbole an die Oberfläche

* Der Urakt des «sich Ausdrückens» ist das «Scheißen». Manchen Menschen kommen dabei die besten Ideen. Das hat mit unserer Kreativität zu tun, mit dem Wunsch, in die Welt einzudringen und sie zu verändern, nach unserem Bild. Die Tätigkeit des Essens ist gewissermaßen der Gegenpol – wir nehmen die Welt in uns auf.

treten, signalisiert das spezifische Entwicklungsstufen im Individuationsprozeß. Diese Entwicklungsstufen laufen parallel zur Kulturentwicklung und Bewußtseinsentwicklung der Menschheit.*

Für die Betrachtung von Masken und den Umgang mit ihnen hat das Konsequenzen: Die Maske läßt sich nicht reduzieren auf einen Projektionsspiegel. Sie ist Teil einer anderen Wirklichkeit, ist mythisches Wesen. Wie ein Symbol ist sie nicht vollständig erfahrbar oder ausschöpfbar. Soviel ich auch von ihr und über sie erfahren mag, immer bleibt ein Geheimnis, verbirgt sie auch. Und aufgrund des archetypischen Urgrundes, aus dem heraus sie entsteht, tritt sie mir als ein Gegenüber entgegen, Verkörperung eines anderen und größeren Hintergrundes.

* Vgl. Erich Neumann, *Ursprungsgeschichte des Bewußtsein*, Zürich 1949.

In mir verkörpert sich etwas, was schon lange verborgen als persönlicher Mythos in mir existierte.

Verantwortlichkeit – die Achse des Rades

Mythisches Denken dient der Orientierung in der Welt. Orientierung braucht ein Zentrum, von dem sie ausgeht. Dies ist in den alten Kulturen häufig die Weltenachse, der Weltenbaum, der heilige Berg, auch das Rauchloch im Hausdach; unter ihm steht der Herd, der ursprünglich der Altar ist.

Orientierung meint ‹zum Orient hin›, zum Morgenland, wo die Sonne aufgeht, nachdem sie von dem Monster ‹Nacht› verschlungen wurde, ihren täglichen Tod gestorben ist.

Das Zentrum ist dort, wo der Gott geopfert und gegessen wird, damit die Menschen leben können. Dies ist ursprünglich der Mittelpunkt des Hauses, des Tempels, des Dorfes.

Auch der Mensch selber hat ein solches Zentrum in sich. Es ist nach mystischer Tradition die Wirbelsäule als senkrechte Achse, die die drei Welten von Kopf, Brust und Becken miteinander verbindet, mit dem Herzchakra als energetischem Mittelpunkt. Die Chakren sind Knotenpunkte, strahlende Energieräder, die uns an den kosmischen Raum anschließen und die Energie über den Körper verteilen.

In der humanistischen Therapie entspricht dieser mythischen Vorstellung vom Zentrum die Konzentration auf den Menschen als Mittelpunkt der eigenen Erfahrungen, als Subjekt, und ihr Denkansatz ist betont phänomenologisch und existentialistisch.

In chinesischer Formulierung ist der Mensch Subjekt, «wenn er erstens das verantwortet, was er tut … zweitens, wenn er das verantwortet, was ihm zustößt … drittens, daß er weiß, daß er diese Lage gewollt hat, also konstelliert hat … viertens, daß die Lage gut ist, wenn sie auch noch so schmerzhaft erlebt wird, nur aus der gegebenen Wirklichkeit ist eine Möglichkeit zu aktualisieren … fünftens, daß das Leben nur dann fließt, wenn man sein ganzes Dasein in den Dienst des anderen stellt, in der Hingabe existiert, also in der Liebe wurzelt.»*

* Arnold Keyserling, *Kriterien der Offenbarung*, Wien 1982.

Das Zentrum bin ich als Mensch, das ‹Hier und Jetzt› meiner Erfahrung, das Zentrum ist meine Bewußtheit. ‹Bewußtheit› ist ein Werkzeug. Wenn dir etwas bewußt ist, kannst du wählen. Ohne Bewußtheit hast du keine Wahlmöglichkeit. Mythologisch wird die Vorstellung von Bewußtheit z. B. durch den Buddha verkörpert. Das Zentrum ist der Ruhepunkt in Bewegung. Die gestalttherapeutische Entsprechung ist das Konzept des Gewahrseins.

Therapeutische Maskenarbeit ist eine Möglichkeit, Menschen in ihr Zentrum zu ‹bringen›. Es ist spürbar, sowohl für den Spieler einer Maske wie auch für den Zuschauer, ob ein Maskenträger ‹in der Maske drin ist›, ob er sie verkörpert, ob er ihr seinen Körper leiht, ob er sich verwandelt hat in das mythische Wesen und im ‹Hier und Jetzt› seiner wesensmäßigen Erfahrungen ist oder nicht. Der Unterschied ist manchmal sehr eindrücklich. Geschieht die Verwandlung, kann eine ungeheure Spannung, ja existentielle Anspannung der Zuschauer entstehen, eine magische Wirklichkeit, die weit über Theaterdramatik hinausreicht. Geschieht die Verwandlung nicht, wird die Maske nicht verkörpert, sind Zentrum des Maskenträgers und des Maskenwesens nicht vereint, atmet der Spieler nicht so, wie die Maske atmet, dann geschieht meist etwas, das ich ‹Manipulation der Maske› nenne.

Das ist die andere Seite. Die Maske ist nahezu beliebig manipulierbar, als Medium für etwas, das ich ausdrücken möchte. Im Unterschied zur Alltagswirklichkeit, wo ebenfalls ein Großteil unserer Kommunikation aus gegenseitiger Manipulation besteht, ist diese Manipulation im Spiel der Maske leichter erkennbar. Die Maske entlarvt durch ihre scheinbare Eingeschränktheit. Ein für uns Zuschauer langweiliges, un-deutliches Spiel, das keine Deutung des Wesens zuläßt, trifft das Wesen nicht und zeigt, daß es nicht wesen-tlich ist, nicht körperlich an-wesend, nicht vom Spieler verkörpert wird.*

* Das deutsche Wort ‹Verwesen› zeigt sehr deutlich den Zusammenhang zwischen Wesen und Körper auf. Dahinter steht vielleicht die religiöse Vorstellung, die Eliade beschrieben hat: daß das Heilige, das Bedeutsame, sich uns nur offenbart, indem es sich verkörpert.

Die Maske läßt sich nicht reduzieren auf einen Projektionsspiegel. Sie ist Teil einer anderen Wirklichkeit.

Die Maske gibt mir also die Möglichkeit, sehr dicht an meine Erfahrung des ‹Hier und Jetzt› heranzukommen, mit ihm in Kontakt zu kommen, wenn ich bereit bin, mich darauf einzulassen. In der praktischen Arbeit findet jeder sein augenblickliches Zentrum durch Fokussierung: Was ist der Teil deines Bildes, deines Traumes etc., der dich im Moment am meisten interessiert? Den baue als Maske!

Polaritäten – die Einheit liegt im Gegensatz

Die Weltenachse, die das Zentrum bildet, da wo sie die Erde, die Gegenwart, das ‹Hier und Jetzt› schneidet, weist auf eine erste Polarität hin: oben und unten, Ober- und Unterwelt, Himmel und Hölle, Vergangenheit und Zukunft, Schwarz und Weiß, Götter und Dämonen.

Polarität entspricht der rhythmischen Gliederung der Zeit, die Leben durch Erregung, durch Pulsation überhaupt erst möglich macht. Leben ist Schwingung, ist Rhythmus, ist Musik.

Masken wurden traditionell genutzt, um die großen Polaritäten des Lebens auszudrücken, zu gestalten, verfügbar zu machen. Dämonen und Götter wurden mit Masken dargestellt. Als Masken waren sie nicht an Raum und Zeit gebunden, konnten überall zugleich sein. Der Mensch konnte mit Hilfe der Maske in sie hineinschlüpfen, selber Gott werden. Dabei waren die jeweiligen Dämonen die abgesetzten Götter der Vergangenheit. Gut und Böse existieren nur in der Begrenztheit des menschlich wahrnehmbaren Raum-Zeit-Kontinuums.

Das Energiekonzept der Gestalttherapie ist sehr ähnlich: Der Mensch wird als Organismus gesehen, der sich in einer ständig wechselnden Umwelt bewegt. Die Beziehung von Organismus und Umwelt ist durch den Austausch von Energie bestimmt, und durch Energiefluß entsteht Polarität, wie wir es vom elektrischen Strom her kennen. Was von der Sonne beschienen wird, wirft einen Schatten. Wenn ich meine Körperenergie in meinem Kopf ansammle, entziehe ich sie gleichzeitig Becken und Brustkorb. Das Leben, die authentische Erfahrung, das ‹Hier und Jetzt› geschieht im Gestaltsinne dort, wo meine Energie gerade ist. Womit bist du gerade jetzt in Kontakt? Was nimmst du jetzt wahr?

Sehr wichtig sind dabei die körperimmanenten Rhythmen von Herz, Atmung und Bewegungsfluß. Sie verändern sich mit unserer Erfahrung. Ich erschrecke: Herz und Atmung rasen, der übrige Bewegungsfluß friert ein.

Polaritäten oder die Einheit liegt im Gegensatz.

Ein wichtiges Gestaltkonzept ist das der Polaritäten, die zusammen erst die Ganzheit bilden. Jede Münze hat zwei Seiten: Ich sehe jeweils nur die, die obenauf liegt. Die untenliegende Seite kann oder will ich nicht sehen. Mein Wunsch, ‹Engel zu sein›, kann verbunden sein mit einer Verdrängung des Teufels in mir. In diesem Fall ist es vielleicht gut, mich mit meinem Teufel bekanntzumachen, um ins Gleichgewicht zu kommen, um mich an meine Ganzheit zu erinnern. In der Tradition wurde das Polaritätskonzept im Zusammenhang mit Masken häufig zu Heilungszwecken benutzt. Zigeunerheiler stellen eine Maske des Ausgleichs her, mit der sich der Patient auseinandersetzen muß. Im Anschluß an den Heilungsprozeß muß er die Maske zerstören.* Dort wo Dämonenaustreibungen für das Heilen von

* Pierre Derlon, *Unter Hexen und Zauberern*, Basel 1976, S. 125 ff.

Kranken inszeniert wurden, lag dahinter die Vorstellung, daß der Patient einen Teil seines Körpers oder seiner Seele oder seines Verstandes nicht besitzt, energetisch nicht besetzt hat. Die Folge ist, daß ein Dämon diesen Teil des Menschen besetzt; der vom Menschen nicht in Besitz genommene Teil macht sich selbständig; der Mensch gilt als besessen. Aus unserer heutigen Sicht ist dies ein höchst modernes psychotherapeutisches Krankheitskonzept.*

Die Heilung erfolgt durch Konfrontation mit dem Dämon selbst: Der Teufel wird durch Beelzebub ausgetrieben. Der Blick in den Spiegel ist die Waffe, die den Dämon auf sich selbst zurückwirft.

Eine grundlegende Polarität entwickelt sich in Maskengruppen schon beim Gestalten der Maskenform. Das Formen in Ton hat als einen Pol die Idee, die Vision, entstanden aus den Vorstellungen, die ein Teilnehmer sich zum Thema macht. Diese Vorstellungen kommen aus dem Ich, sind also weitgehend Bewußtseinsanteile:

Diese Seite der Münze will ich mir angucken! Der andere Pol ist die Energie der Hände, die den Ton gestalten, Körperenergie, stark beeinflußt wahrscheinlich aus dem Bereich des Unbewußten. Aus der Spannung dieser beiden Kontrapunkte und ihrer Integration entwickelt sich das Abenteuer, eine Gestalt aus Ton zu formen.

Das mythische Bild der heiligen Hochzeit beschreibt diesen Vorgang: Himmel und Erde kommen zusammen und lieben sich. Daraus entsteht Schöpfung, entstehen die Geschöpfe.

Wenn die Maske später fertig gestaltet ist, ergibt sich eine weitere interessante Polarität: Die Maske erscheint von außen anders als von innen. Wenn ich in sie hineinschlüpfe, erscheint sie wie eine Höhle (sprachverwandt mit Hülle und Hölle), nach außen hin erscheint sie mehr wie eine Berglandschaft. Wer seine ersten Erfahrungen mit Masken macht, erlebt dies oft sehr kraß: Die Maske ist

* Wilhelm Reich, der in den 20er Jahren die Entstehung von Krebs mit einem ähnlichen Konzept zu erklären versuchte, wurde damals nicht ernst genommen. Heute fußen viele der alternativen Krebstherapie-Ansätze auf seinen Forschungen.

ganz anders, je nachdem, ob ich sie aufsetze oder sie von außen betrachte. Für die therapeutische Arbeit ist das ein geeigneter Ansatzpunkt, um Projektionen wieder zu integrieren. Es kann sehr fruchtbar sein, mit dem Außen und Innen der Masken zu experimentieren.

Diese Doppelfunktion der Maske begründet ihren Schwellencharakter. Dabei entsprechen Höhle und Berg beide urzeitlichen Schwellenerfahrungen der Menschen, waren Ziel der inneren Reise zum Mittelpunkt. Die Höhle als Mittelpunkt der Rituale der frühen Jägerkulturen, die heiligen Berge als rituelle Zentren der Pflanzergesellschaften. Die Maske ist Höhle und Berg zugleich. Das ist ihr Mysterium. Sie ist der rituelle Weg zum eigenen Mittelpunkt.*

* Vgl. Josef Campbell, *Mythologie der Urvölker. Die Masken Gottes*, Bd. 1, Basel 1991.

Aus Polarität entsteht Schöpfung

Schöpfung bedeutet Transformation von Energie in materielle Form. Der biblische Schöpfungsbericht weist auf drei Varianten von Energie hin:

Gott schuf den Menschen aus Lehm: also Materie. Und bei Materie (= mater, Mutter) handelt es sich symbolisch verstanden um eine weibliche Form der Energie. Gott sprach: «Es werde Licht.»: Gottes Wort als Energie. Gott blies dem Menschen seinen Odem ein: Gottes Atem als Energie. Hier ist Energie das Schwingungsmuster, das Strukturierende, symbolisch eine männliche Form der Energie. In den älteren matriarchalen Schöpfungsberichten ist das Entstehen und Erhalten der Schöpfung häufig mit dem Kult von heiliger Hochzeit und Sakralopfer verbunden. Die Göttin, Urmutter, Materie, die Natur, gebiert ohne Mann einen Sohn, den Wind, den Geist, den Lebensatem, die große Schlange. Mit diesem ihrem Sohn macht sie Liebe und zeugt in der heiligen Hochzeit Kinder mit ihm. Der jüngste Sohn tötet schließlich in ihrem Auftrag den Vater, nachdem dessen Zeit abgelaufen ist, und wird zum neuen Liebhaber seiner Mutter, zum wiederauferstandenen männlichen Gott. In diesem Zyklus sind ebenfalls drei unterschiedliche Schöpfungsvorgänge enthalten: ungeschlechtliche Zeugung, heilige Hochzeit und Urmord, meist mit darauffolgender Zerstückelung und Befruchtung der Erde.*

Das Gestaltkonzept von Vorder- und Hintergrund beschreibt einen ähnlichen Prozeß im Individuum bei der Entwicklung von Bedürfnissen. Danach lebt jeder Organismus in einer Umwelt, und Entwicklung vollzieht sich als Austausch zwischen Organismus und Umwelt. An der Grenze zwischen Organismus und Umwelt ereignet

* Vgl. dazu den pelasgischen Schöpfungsmythos und die Geschichte vom Urmord, *Entmannung des Uranos durch Kronos*, beide dargestellt bei Ranke-Graves, *Griechische Mythologie*, Bd. 1, Hamburg 1960 (1981), und *Die Geschichte der Göttin Hainuwele* bei Josef Campbell, *Mythologie der Urvölker*, S. 175 ff.

sich Erfahrung. Erfahrung ist in der Gestaltarbeit nahezu gleichbedeutend mit Kontakt. Kontakt als ‹in Beziehung sein mit Objekten›, ist ein Grundbegriff sowohl für sinnliche Wahrnehmung wie für Verhalten.

«Wir wollen Kontaktnahme, d. h. Gewahrsein und motorische Reaktion, im weitesten Sinne verstehen: als verlangen und zurückweisen, annähern und vermeiden, empfinden, fühlen, nutzbarmachen, einschätzen, kommunizieren, kämpfen usw. – als jede Art von lebendiger Beziehung, die sich an der Grenze in der Interaktion von Organismus und Umwelt ereignet.»*

Durch Kontakt strukturiert sich das Erfahrungsfeld des Individuums, Dinge treten zurück, andere hervor. In Gestaltsprache ausgedrückt: Figur und Hintergrund werden geschaffen im Kontakt.

Eine Figur tritt aus dem Hintergrund hervor, weil sie im Moment am stärksten energiebesetzt ist. Dann gibt es zwei Möglichkeiten: Wenn das Bedürfnis befriedigt wird, entfaltet es sich, wird gelebt und stirbt nach einiger Zeit wieder ab. Dies führt zur Befriedigung des Organismus, der das Neue, was entstanden ist, assimiliert und sich dabei weiterentwickelt. Die Befriedigung des Verlangens zerstört auf die Dauer das Verlangen. Wenn sich der organismische Haushalt wieder im Gleichgewicht befindet, kann sich ein neues Bedürfnis entwickeln. Die organismische Energie wendet sich neuen Aufmerksamkeiten zu, das Interesse verlagert sich. Eine neue Gestalt, ein neuer Vordergrund taucht auf. Dieser Prozeß setzt einen guten, starken Kontakt voraus.

Anders gestaltet sich der Prozeß, wenn ein Verlangen nicht befriedigt werden kann. Die in Bewegung gesetzte Energie sammelt sich im Unbewußten an, und bei jedem Wiederauftauchen eines ähnlichen Verlangens wird diesem Komplex weitere Energie zugeführt.**

* Perls, Hefferline, Goodman, a.a.O: S. 11 ff.

** Der Biophysiker Rupert Sheldrake beschreibt eine Theorie des morphogenetischen Feldes, in der er davon ausgeht, daß im Universum überhaupt niemals Energie verlorengeht. In: *Das schöpferische Universum*, München 1981.

Ein hohes Energiepotential sammelt sich in Körper, Geist und Psyche an, das nicht gelebt werden kann und oft das Leben und Zulassen anderer Bedürfnisse verhindert oder erschwert. Das nennt die Gestalttherapie eine unabgeschlossene Gestalt.

Kontakt ist also das schöpferische Prinzip der Gestalttherapie. Die Figuren, die sich aus dem Chaos des jeweiligen Hintergrundes entwickeln, sind die Geschöpfe, und die Polarität von Vorder- und Hintergrund bedeutet Schöpfung.

Die Maske, wenn sie aus Ton geformt ist, ist auch eine Schöpfung. Der, der sie gestaltet hat, ist gewissermaßen ihr Schöpfer, ihr ‹Gott›. Es ist sein Geschöpf, das vor ihm liegt. Auch der Moment, in dem die eigentliche Maskenhaut, die Papiermaske von der Tonform abgehoben wird, entspricht einer Schöpfung, einer Geburt. Die Symbiose zwischen Ton und Papier aufzulösen, ist für den Erbauer ein emotional sehr bewegender Akt. In der Leichtigkeit oder Schwere der Geburt zeigt sich etwas von dem späteren Wesen der Maskengestalt. Eine klar und ganzheitlich strukturierte, nach außen drängende Figur ist auch meist technisch-handwerklich leicht zu lösen. Verwickelte, gegeneinander arbeitende Formen oder starke Einprägungen, die oft mit energiegeladenen, unabgeschlossenen Gestalten verbunden sind, haben meist eine schwere Geburt.

Schöpfung ist heiliger Raum, d. h. ein besonderer, aus dem Chaos, der Unordnung herausgetrennter, strukturierter, mit besonderer Bedeutung gefüllter Raum.* Die Maske ist solch ein heiliger Raum, vom ersten Augenblick des Formens angefangen ist sie bedeutungsschwanger, und für den Erbauer füllt sie sich zunehmend mit Deutungen.

* Das Wort «Tempel» weist noch darauf hin: Im Griechischen heißt «temenos» = abgeschnitten. Im Alten Rom war der Tempel ein von den Auguren abgegrenzter, heiliger Ort.

«Daß wir immer nur sein können, was wir sind, wenn wir zur gleichen Zeit das sind, was wir nicht sind.» *H. P. Duerr*

In der Maske mir etwas aneignen, was die Kehrseite dessen ist, was ich bin.

Die Bühne – symbolische Orientierung im Raum

Aus dem ersten ursprünglichen Gegensatz von männlicher und weiblicher Energie entstanden, setzt sich das Konzept der Gegensätze fort.

Dabei ist, orientiert am ganzheitlichen Denken des Orients, nicht der Gegensatz als solcher wichtig, sondern die Notwendigkeit der Gegenkraft, die erst jedem Organismus seine Einheit verleiht, ihn ins Gleichgewicht bringt. Licht gibt es nur, wo es auch Dunkelheit gibt.

In unserem abendländischen Denken halten wir uns dabei oft sehr an der Gegensätzlichkeit fest, während im Osten und im mythologischen Denken die Polaritäten auf den Mittelpunkt bezogen bleiben, von dem sie ausgegangen sind. Die Gegensätzlichkeit erscheint dann als notwendige Wechselbeziehung. Zwei Bewegungen sind zu unterscheiden: Eine geht vom Mittelpunkt weg, eine andere geht zum Mittelpunkt hin. Der Raum konstituiert sich durch Bewegung. Die erste Bewegung könnten wir als vorwärtsgerichtet, in die Welt hinein, als Geburt oder Leben bezeichnen, die andere als Tod oder aus der Welt hinaus. Das beschreibt die Grundpolarität unserer Existenz.

Im mythologischen Denken ist die Einheit nicht zweifältig, sondern immer vierfältig. Es gibt nicht nur die materielle, sichtbare Ebene, das Tonal der Indianer, sondern auch die geistige, das Nagual. Dem entspricht in der therapeutischen Arbeit mit Masken die Unterscheidung zwischen der phänomenologischen Ebene der Ober-Fläche und der Tiefe der Symbolik. Die geistige Ebene wird in unserem mitteleuropäischen Denken als unwissenschaftlich, phantastisch und irrational abgewertet.

Das mythische Modell, nach dem sich der Bühnenraum symbolisch strukturiert, ist der Sonnenkreislauf. Von der Sonnenlaufbahn her gibt es vier kardinale Richtungen und zwei kardinale Ebenen: Die eigentliche Kardo, Nord-Süd-Ebene, Licht und Dunkel, verbindet die Sonne in ihrer vollen Entfaltung im Süden, mit ihrem Tod im Norden, verschlungen vom Ungeheuer.

Die zweite wichtige Ebene ist die Ost-West-Ebene, die Decamanus, die Sonnenauf- und Sonnenuntergang miteinander verbindet.* Sie ist nicht so kardinal wie die erste Ebene, da sich Sonnenaufgang und Sonnenuntergang jahreszeitlich abhängig verschieben.

Durch diese vier Hauptrichtungen entsteht Raum. Die ersten Konstruktionen von Häusern, Tempeln und Dörfern wurden vermutlich mit Hilfe des Sonnenschattens vermessen. Die Basislinie wurde bestimmt durch den Schatten, der an einer Tag- und Nachtgleiche bei Sonnenauf- und Sonnenuntergang über einen aufrechtstehenden Stein oder Pfahl fiel. Diese Linie ins Quadrat vervollständigt, ergab den Umriß des Hauses, Tempels oder Dorfes. Durch diesen rituellen Prozeß entstand heiliger Raum. Er bedeutet ursprünglich wahrscheinlich ‹benannter Raum›, der Raum, den der Mensch sich durch Benennung angeeignet hatte.**

Dieses Modell gibt Orientierung, d. h. Deutungsmöglichkeiten für das Geschehen auf der Bühne. So wie Tempel und Kirchen in ihrer Architektur an den Himmelsrichtungen orientiert sind, hat auch jede Bewegungsrichtung auf der Bühne ihre symbolische Bedeutung.

Der Zuschauer sitzt an der Stelle, wo früher der König saß. Es ist die Mitte vorne, erste Reihe des Zuschauerraumes, der Norden. Der Norden ist der Ort der Reflexion, der Punkt, an dem die Sonne stirbt, damit die Erde lebt. Es ist ‹Osiris›, die der Erde einverleibte Zeugungskraft des Lichtes oder des Geistes. Gleichzeitig ist es der Neubeginn, die neue Zeugung des Lichtes, des Lebens, des Tages oder des Jahres. Der Nordosten, links vorne, vom Zuschauer aus gesehen, ist der Ort der Schwangerschaft, die Morgendämmerung,

* Wichtige mythische Räume sind ebenfalls den vier Himmelsrichtungen entsprechend orientiert: das Paradies anhand der vier vom Zentrum ausgehenden Flüsse und das himmlische Jerusalem anhand seiner Mauern und Tore. Der Begriff «Decamanus» (die Strecke unserer ausgebreiteten Arme = zehn Hände) und die meisten der folgenden Gedanken zur Symbolik des Bühnenraums stammen von Laura Sheleen.

** Vgl. Mircea Eliade, *Das Heilige und das Profane*, Hamburg 1957, v. a. das Kapitel «Chaos und Kosmos».

das Sonnenlicht ist schon da, die Sonne selbst noch verborgen. An dieser Stelle erscheint das, was sich entwickeln will.

Der Osten, links auf der Decamanus, ist der Aufgang der Sonne über dem Horizont, der Gott Horus. Alles sichtbare Leben nimmt im Osten seinen Anfang.

Links hinten ist der Südosten, der Ort, an dem die Sonnenkraft wächst, gleichzeitig die Erfahrung des ersten Schattens, auf der ersten Diagonale zwischen Ursprung und Vollendung.

Im Süden geht die Sonne durch den Höhepunkt ihres Tageslaufs, ihres Lebens. Der Schatten ist direkt im Rücken des Schattenwerfenden. Er ist nicht zu sehen, und doch ist er da. An diesem Punkt kehrt sich die Entwicklung um. Bisher nahm die Sonnenkraft zu – jetzt nimmt sie wieder ab. In der ägyptischen Mythologie ist das der Gott Re.

Der Südwesten vertritt den Ort, an dem die Sonnenkraft schwindet, der Ort des zweiten Schattens auf der zweiten Diagonale zwischen dem Gestern und der Projektion in die ferne Zukunft.

Hier spielt auch eine weitere Symbolik eine Rolle: Was dem Zuschauer fern erscheint, im Hintergrund der Bühne, ist im Bühnengeschehen auch zeitlich fern; wenn Figuren nahe vor seinen Augen spielen, sind sie mit ihrem Spiel auch zeitlich nahe der Gegenwart. Kommen Figuren von links nach rechts auf die Bühne, gehen sie entsprechend dem Lauf der Sonne, von der Vergangenheit in die Zukunft, leben gewissermaßen einen ‹normalen› Lebensvollzug. Kommen Gestalten von rechts und gehen nach links, sind es immer dämonische Kräfte. Geister, die aus der Welt des Todes kommen, schon gestorben sind und zurückwollen ins Leben.

Der Westen ist schließlich der Untergangsort, wo die Sonne untergeht. Alles körperliche Leben findet hier ein Ende. Im Nordwesten ist die Sonne schon untergegangen, aber ihr Licht leuchtet noch. Sie wirkt im Verborgenen weiter, in der Abenddämmerung, der unterirdischen Vollendung.

Dieses kosmologische Modell des Sonnenkreislaufs ist vermutlich das Ursprungsschema zumindest aller patriarchaler Mythologien. Es ist eine Art Bewußtseinsrahmen. Wir können uns über die symbolische Struktur bewußt machen, was zeitlich und räumlich in der Interaktion der Masken auf der Bühne geschieht. Die Bewegungsabläufe der Interaktionspartner folgen dabei oft einfachen geometrischen Strukturen von Kreuz, Kreis und Spirale, die ursprünglich kultische Tänze waren, bevor sie sakrale Architektur wurden.

Grenzen – Grenzüberschreitungen

Durch Orientierung und Licht und Schatten entsteht heiliger Raum. Eine sichtbare oder unsichtbare Grenze trennt ihn vom Chaos, vom ungeordneten oder profanen Raum. Die Grenze ist da, wo der Schatten gerade eben noch sichtbar ist. Therapeutisch ist der heilige Raum der Bereich, den der Klient mit Bedeutung, mit Deutungen füllt. Schon der biblische Adam bekommt von Gott den Auftrag, alle Dinge und Lebewesen unter dem Himmel zu benennen und sich die Welt damit anzueignen. Der benannte Raum steigt aus dem Chaos des Unbewußten in die Ordnung des Bewußtseins. Er ist angefüllt mit Sinneswahrnehmungen, Assoziationen, Emotionen und Inspirationen. Die Schwelle des Übergangs zwischen Chaos und heiligem Raum ist sehr bedeutsam. An dieser Schwelle sitzt nicht nur die Hexe Hagazussa auf dem Haag, der das Dorf vom wilden Wald trennt. Diese Schwelle gehört auch der Maske.

Masken sind traditionelle Wächter der Schwelle, deshalb die vielen tierischen und dämonischen Steinskulpturen an den Wänden und vor den Toren von Tempeln und Kirchen. Und Masken sind auch die Möglichkeit, die Schwelle zu überschreiten. Die Masken des Schamanen sind grenzüberschreitend. Er kann zwischen den verschiedenen Welten hin- und herreisen, hat Zugang zum Tonal und zum Nagual. Der Schamane benutzt Masken als Möglichkeit der Verwandlung in andere Existenzen, als Möglichkeit, Kraftquellen, Krafttiere, die er herbeiholt, für alle lebendig werden zu lassen. Der Schamane ist immer auch Schauspieler. Er ist dies im alten kultischen Sinn, indem er der geistigen Macht seinen Körper für die Inkorporation leiht.

Im therapeutischen Prozeß ist die Grenze sehr wichtig. «Kontakt findet an der Grenze statt» ist eines der wichtigsten Konzepte der Gestalttherapie. Einen Weg zu finden zwischen Vereinigung, Symbiose, Verschmelzung und selbstgewählter Isolation ist vermutlich eines der häufigsten therapeutischen Themen. Kontakt und Rückzug im Wechselspiel ist das, was es einzuüben gilt. Die Maske zeigt dabei wie in der Tradition Grenzen, die meine augenblicklichen Grenzen sind: Sie zeigt klar meine Ängste, meine Konflikte, den Widerspruch zwischen Bewußtsein und unbewußtem Handeln. Und andererseits eröffnet sie uns gerade im Umgang mit ihr im doppelt geschützten und verborgenen Raum der Maske und der therapeutischen Bühne die Möglichkeit, Grenzen auszuweiten, Grenzen zu überschreiten. Dies bedeutet nicht, die grenzenlose Freiheit zu finden, eher die mir im jetzigen Augenblick entsprechenden Bewegungsspielräume, die sich ausbreiten über längst überholte, zerbrochene und verfallene Zäune.

Eine wichtige Funktion hat die Musik in diesem Maskentheater. Sie spiegelt meine aktuellen Grenzen wider und begleitet mich bei Grenzüberschreitungen. Ein Teil der Zuschauer improvisiert musikalisch auf kultischen und folkloristischen Instrumenten. Sie interpretieren musikalisch, was sie auf der Bühne sich ereignen sehen. Die dramatische Handlung wird direkt im Augenblick ihres Entstehens dokumentiert und kommentiert. Das kann für den Spieler Feedback sein, Stütze, Aufforderung zum Handeln. Es kann ihn tragen bei neuartigen Lösungsversuchen, es kann ihm seine eigene Starre bewußt machen. Es kann ihn auch pushen, provozieren, manipulieren, wenn er sich manipulieren läßt. Dabei berührt die Musik sehr stark die Emotionen des Maskenspielers auf der Bühne.

Für die Transformation des Gespielten in die bewußte Wirklichkeit ist es bedeutsam, daß nach jeder Szene ein Gespräch stattfindet, bei dem der Spieler auf der Grenze zwischen Zuschauerraum und Bühne sitzt. Er ist zurück von der anderen Wirklichkeit und doch noch nicht ganz zurück. Er berichtet als erster, was er jenseits der Grenze erlebt hat. Anschließend ergänzen die Zuschauer, was sie über die Grenze hinweg, von der anderen Seite her gesehen, gefühlt und phantasiert haben. Der Spieler wird mit vielerlei Projektionen konfrontiert, vor allem, wenn sein Spiel undeutlich war. Der Gruppenleiter kann helfen, den roten Faden zu finden. Jedenfalls hilft das Benennen der Bilder, Symbole und Interaktionen, etwas hinüberzuholen in unsere diskursive Wirklichkeit.

Durch Tod zum Leben – die rituelle Wandlung

Die Begegnung an der Grenze, der Kontakt mit dem, was unbewußt wirklich ist, macht Entwicklung möglich. Die Hagazussa kann wieder in der Zivilisation leben, weil sie jetzt die Freiheit der Wildnis kennt, den Überblick gewonnen hat. Das Drinnen läßt sich nur vom Draußen aus erkennen. Sie kann nicht alles mitnehmen, was sie jenseits der Grenze gesehen hat. Der Weg über die Grenze, die Zeit zwischen den Zeiten, fordert einen kleinen Tod. Damit etwas Neues wachsen kann, muß etwas Altes sterben. Das ist ein welt-anschauliches Konzept, das die Menschen vermutlich seit der Steinzeit kennen und dem Ablauf der Naturereignisse entnahmen. Bildhaft dargestellt ist dieser Vorgang, dem wir uns alle im Leben mehrfach unterziehen müssen, im universalen Mythos des Helden. Zusammengefaßt ist das ein Modell von Leben, verstanden als Entwicklung, die nie geradlinig verläuft.

Die ersten Theaterspiele wurden im Tempel aufgeführt. Herausgeschnitten aus dem profanen Raum ist der Tempel ursprünglich der Altar, der Ort, an dem alle Ebenen miteinander in Verbindung stehen, der Ort, an dem ursprünglich der Gott geopfert wurde, woraus das Leben kam. Noch heute erinnert im christlichen Gottesdienst Christi Fleisch und Blut beim Abendmahl daran. Auch hier kommt Leben aus dem Tod. Hier im Tempel, der späteren Szene, auf der das Obszöne geschieht, ereignet sich Leben und Tod. Spiel ist ursprünglich keine Domäne der Kinder, sondern die Darstellung von Leben und Tod in ihrem ewigen Wechsel. Jedes Leben, das sich entfaltet, zieht den Tod nach sich, geht dem Tod bereits entgegen. Der Höhepunkt der Sonnenlaufbahn, wo sie ihre meiste Kraft entfaltet, ist gleichzeitig der Beginn ihres Niedergangs. Je weiter eine Schöpfung sich entfaltet, umso eher kommt der Punkt, an dem sich die Entwicklung umkehrt. Der ‹High noon› ist die Stunde des Teufels, er lacht und triumphiert, wenn er zertrennt, die Einheit zweiteilt.

Entwicklung heißt gestalttherapeutisch: meine Willensanstrengungen aufgeben, etwas verändern wollen. Der Organismus verändert sich, wenn er sich reif dazu fühlt. Veränderung heißt also ‹lassen›, sterben lassen. Das, was reif ist, wartet darauf, daß ich es lassen kann, wartet auf die Ernte. Der Entwicklung nicht im Wege stehen, der Trennung ins Auge sehen, nicht meine Energie in den Widerstand gegen etwas stecken.

Das ursprüngliche Maskenritual ‹durch Tod zum Leben› war fast über den ganzen Erdball verbreitet. Ursprünglich bedeutet das Wort ‹Ritus› Weg, und zwar in dem Sinn, wie wir ihn noch vom christlichen Kreuz her kennen, Weg über die Grenze, Verwandlung in einen neuen Seinszustand.* Die ältesten Menschen, von denen wir wissen, führte der rituelle Weg ins Innere der Höhle, zum Mittelpunkt der Erde. Gleichermaßen war das wohl der Weg zum eigenen Mittelpunkt. Wozu? Um verändert herauszukommen, die Angst überwunden zu haben. Dies gilt vor allem für die Jägerkulturen. Bei den Pflanzern später ist es der Weg auf den heiligen Berg, der sie zurück zum Ursprung, zum Mittelpunkt führt. Höhle und Berg sind letztlich eins, sind beides Orte des Ursprungs, sie stehen für den Mittelpunkt, durch den die Weltenachse läuft. Die Maske weckt Assoziationen, die an beides anknüpfen: Dem Träger zugewandt ist sie Höhle, dem Zuschauer zugewandt ist sie Berg. Vielleicht liegt darin ihre Wandlungsfunktion begründet: Sie ist die Höhle, in die ich hineingehe, um verändert wieder herauszukommen. Sie ist der Berg, auf dem ich mit meiner Göttlichkeit Zwiesprache halte. Und etwas von mir bleibt zurück. Etwas wird neu. Ich werde einsamer, und ich werde ich. Ich werde ein anderer, als ich war.

* Vgl. Heinz Lucas, *Der Tanz der Kraniche* und *Die Hochzeit auf dem Meeresgrund*, Emsdetten 1971, und Ernst Neumann, *Kulturentwicklung und Religion*.

VII.
Theater des Seins

Die Transparenz der Transzendenz

In der jahrelangen Zusammenarbeit mit Monika Möhr-Jundt im Bereich Maske-Musik-Tanz hat sich die Arbeit ‹Theater des Seins› entwickelt. Es umschließt das Maskenspiel auf der Theaterbühne wie den Werdegang der Maske selbst. Nicht-offen-Sichtliches wird über das Formen der Maske sichtbar, geht den Kreislauf des Werdens, Erkennens und Vergehens. In vergleichbarer Weise erscheint das Nicht-offen-Sichtliche auf der Maskenbühne, um erkannt zu werden und verschwindet wieder.

Das Wirken der Masken auf der Theaterbühne ist kein Schauspiel, wo etwas vorgespielt wird. Die Masken zeigen, was unsichtbar existiert und Einfluß auf unser Leben hat. In Maske und Maskenspiel wird unsichtbarer Lebenshintergrund zum sichtbaren Vordergrund auf der Theaterbühne.

Ein Theatererlebnis:
Ich betrete den Theater-Raum und sehe Leute, die musizieren, und andere, die mit Masken spielen. Ich habe die Wahl zuzuschauen, mitzumusizieren oder unter eine Maske zu schlüpfen und mich zu verwandeln. Ich bemerke, wie ich mich stark zu dem Spiel hingezogen fühle, und vernehme plötzlich ein inneres «Jetzt». Jetzt will ich unter die Maske.

Ich kleide mich an, und dann geht alles wie von allein. Ich handle, ohne zu überlegen. In der Verwandlung werde ich zu jemand anderem und erlebe alles ganz selbstverständlich. Die Maske weiß, wohin sie muß, und teilt es mir auf einer unbewußten Ebene mit. In der Maske fühle ich mich geborgen, und ich kann mir selber beim Maskenspiel zusehen. Ich krieche in die Maske wie die Schnecke in ihr Haus und bin mit Herz und Seele voll dabei.

Ich verstehe nicht, was da gespielt wird oder warum ich das tue – es muß wohl so sein. Auch habe ich kein Gefühl für die Zeit.

Im Alltag würde ich nicht so reagieren. Es ist entspannend, macht aber auch Angst. Es ist wie das Leben in einem Niemandsland und nicht einmal das – ich spüre keinen Boden unter den Füßen. Es scheint wie das Leben eines Kindes zu sein, bei dem noch alles möglich ist.

Manchmal nehme ich Musik wahr, manchmal nicht. Langsam erspüre ich den Zeitpunkt, wann ich aufhören und die Maske ablegen möchte.

Dann lege ich die Hülle ab. Ich bin orientierungslos – unfähig, Gewohntes zu tun. Ich muß mich erst wieder in das Leben ohne Maske einfinden. Ich muß die Leute und den Raum wieder sehen und an meinen Platz zurückgehen.

Ich bin angestrengt und erleichtert.

Gehe ich in die Rolle des Musizierens, betrete ich wieder eine andere Welt. Hier ist es anders, alles ist direkter. Ich merke, daß mir die Maske viel Schutzgefühl vermittelte. Auch sind die Bewegungen der Maske nicht so schnell wie beim Musizieren. Ich bewege nur Arme und Hände und nicht mehr den ganzen Körper. Beim Maskenspiel erlebe ich eine andere Dimension, die ich zeigen kann und die mein ganzes Wesen erfaßt.

Auch beim Musizieren erlebe ich, wie ich Zeit und Umgebung vergesse und für die Masken musiziere. Irgendwie berühren sich die beiden Welten von Maske und Musik. Auch beim Muszieren bin ich mit Herz und Seele dabei.

Ich erfahre mich beim Maskenspiel und beim Musizieren stark in Kontakt mit meinem tieferen Wesen. Ich bin ganz berührt und gerührt. Ein Teil von mir ist stark angesprochen.

Ich bekomme viel Kraft und gebe viel Kraft.

Es wächst etwas.

Die Maskenarbeit, die im ‹Theater des Seins› stattfindet, reicht vom Finden der eigenen Maske bis zum Maskenspiel auf der Theaterbühne. In dieser Arbeit geht es um die Erkenntnis, daß das, was wir für unser Selbst halten, mehr ist als das, was wir mit unseren Ich-Vorstellungen eingrenzen. Im Zentrum der Maskenarbeit liegt das Gesicht, das als Maske unsichtbare Vorgänge ins Bewußtsein bringt, als sichtbares Gegenüber. *Musik, Tanz und Theater* fließen auf natürliche Weise in der Maske zusammen und werden zur Einheit im ‹Theater des Seins›. Da Maskengestaltung und Maskenspiel in den ersten Kapiteln dieses Buches ausführlich behandelt werden, sollen sie hier, beim ‹Theater des Seins›, nur kurz anklingen und sich auf Ergänzendes beschränken.

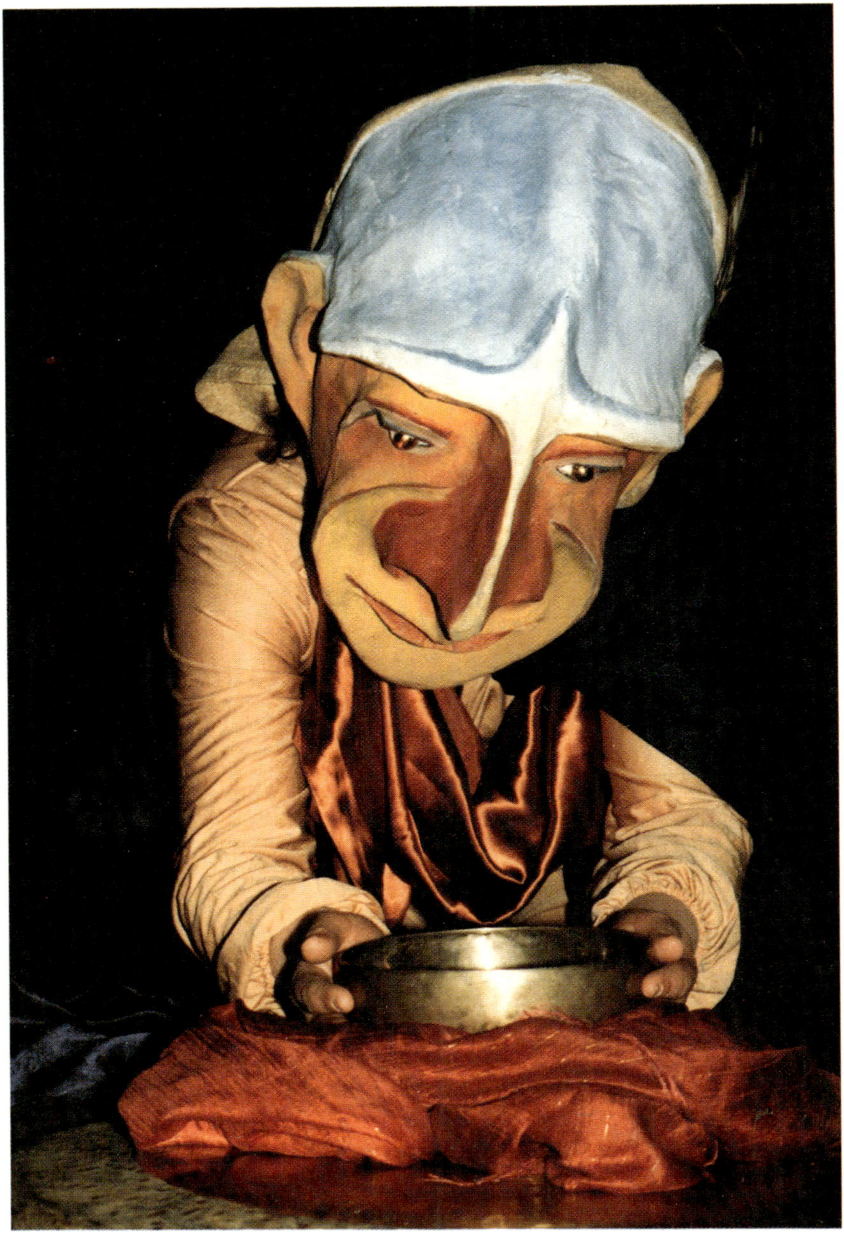

Vision – die Maske kündigt sich an

Die Vision ist der erste Schritt auf dem Weg, eine Maske zu finden. Es ist das Hineingehen in die geistigen Welten über Entspannung, Fantasiereise, Meditation. Es ist auch der Schritt zur Kontaktaufnahme mit dem Lebensthema, aus dem die Maske erscheinen soll (siehe Kapitel II).

Archäologie der Seele – die Maske wird gefunden
Der Gestaltungsvorgang der Maske beginnt mit einer Meditation. Mit geschlossenen Augen formen wir den Ton. Es ist vergleichbar mit einer Ausgrabung, wo im Formen etwas freigelegt wird, was unbekannt ist. Z. B. entsteht hier eine Vertiefung, da zeigt sich etwas wie eine Nase, da eine Höhle, ein Loch oder Auge. Elemente eines Gesichtes zeigen sich, anderes bleibt unbekannt. Das Formen geht so lange, bis der Maskenbauer das Gefühl hat, daß es so fertig ist und er die Form sehen möchte. Indem er Erde formt, lernt er mit den Händen sehen. Solches Formen ist ein Vorgang, bei dem Inneres zur Erdgestalt wird. Damit wird die gefundene Maske zum Mittler zwischen der unsichtbaren und der sichtbaren Welt. Da dieses Formen einer Maske vergleichbar ist mit einer Ausgrabung der Archäologen, nennen wir es *Archäologie der Seele*.

Wachsen – die Maske wächst zur ganzen Gestalt
Wie beim Fötus im Bauch der Frau, wächst hier auch der Körper nach dem Kopf. Im ‹Kopf der Maske› ist schon die ganze Maskengestalt enthalten. Durch das sich Einfühlen in die gefundene Maske über Malen, Meditation und inneren Dialog, wird dem Maskenbauer die ganze Maskengestalt deutlich. Die hier gefundenen Skizzen und Bilder sind die Basis für das Maskenkostüm.

Erwachen – die Maske wird lebendig
Wir gehen davon aus, daß die Seele des Menschen nur soweit in Erscheinung treten kann, wie es das eigene Persönlichkeitsbild erlaubt. So, wie der menschliche Körper die materielle Hülle der Seele ist,

gehören solche selbstgeformten Masken weiteren Umhüllungen der Seele an. Was über den menschlichen Körper nicht sichtbar ist, wird über die Maske sichtbar. Indem wir in die Maske hineinschlüpfen, ihr unseren menschlichen Körper leihen, kann sie lebendig werden. Über die verschiedenen Arten des Umgangs mit der Maske im Maskenspiel können wir ihre Botschaft empfangen.* Das, was der Maskenspieler über seine Maske erfahren kann, gehört in der Regel zum Lebenshintergrund, von dem etwas im Maskenspiel sichtbar wird. Dieser Schritt ist auch der Wendepunkt im Maskenkreislauf. Bisher ging es darum, Geistiges in die Materie zu bringen. Nun geht es darum, von der Maske zu lernen und ihre Botschaft zu erfahren.

Maskentanz als Kräftespiel der Seele

Von Tanz zu Tanz steigt der Tänzer in seine Tiefen hinab und in seine Höhen hinauf. Er erkennt das Maß, in dem er eingespannt ist zwischen Himmel und Erde, und nähert sich seinem göttlichen Kern, seinem wahren Wesen.

Je mehr Masken wir im Lauf der Jahre bauten und spielten, um so mehr erkannten wir, daß die erste Ausdrucksform der Maske beim Maskenspiel die Bewegung war. Zuerst wurde die Bewegung sehr vom Kopf beeinflußt. Wir standen vor einem Spiegel, sahen uns mit unseren Masken an und fanden Bewegungen, die der Maske gefielen. Später lernten wir, daß die Maske eigene Bewegungsmuster hatte. Die Masken zeigen nicht gelebte Bewegungen, die wir im Alltag nicht machen. Je mehr wir diese Bewegungen der Maske zulassen, um so mehr bewegt die Maske uns, bis wir tanzen. Es ist spürbar, wie diese von der Maske ausgelösten Bewegungen gut tun und innerlich freimachen. Die befreiende Erfahrung geschieht durch das Dynamisieren der Maske im Maskentanz, wobei die Bewegungsmuster der Maske die eigenen Bewegungsmuster erweitern.

Diese Art von Tanz ist eine Sprache, die über unseren Körper sofort ins Bewußtsein geht und uns verdeutlicht, welche Kräfte in

* Vgl. Harald Klemm, *Von der äußeren Verwandlung zur inneren Wandlung*, Sozialpädagogisches Arbeitsheft 5, Verlagswerk der Diakonie, Stuttgart 1989.

Harmonie zusammenspielen und welche miteinander kämpfen bzw. sich behindern. Der Tanz wurde für uns zum Mittler, Kräftespiele im seelischen Bereich zu erfahren.

Wir wollen einige Schritte aufzeigen, wie Maskentanz entstehen kann:

Die Kontaktaufnahme
Wir nehmen in der Meditation zu unserer Maske Kontakt auf und finden über das Thema ‹Nähe und Distanz› den richtigen Abstand zur Maske. Stimmt der Abstand in unserem Inneren, öffnet sie sich zum Dialog auf der inneren Ebene und wird zur Tür für eine erweiterte Sichtweise.

Der innere Tanz
Wir begeben uns in der Imagination durch die inneren Welten zum Wohnort der Maske und beobachten ihren Tanz. Wie im Märchen Rumpelstilzchen belauschen wir die Maske an ihrem geheimen Ort, wo sie ihren Tanz tanzt, ihr Lied singt und ihren Namen sagt. Sobald das Geheimnis gelüftet ist, erkennen wir die Botschaft der Maske.

Die Choreographie
Über das Malen des in der Imagination erlebten Maskentanzes im Rahmen eines Mandalas, wird die Bewegung sichtbar gemacht und strukturiert. Es wird erkennbar, wie nah und wie weit man vom Zentrum entfernt ist. Es wird erkennbar, wie man sich dem Zentrum annähert – langsam – schnell – stark – schwach – regelmäßig – unregelmäßig.

Über den Maskentanz wird deutlich, in welchem Verhältnis wir zu unserem Zentrum stehen.

Der Tanz der inneren Orientierung: das Hinein-Finden
Das gemalte Bild zeigt den Weg in den Maskentanz, den der Maskenspieler gehen kann. Wie beim ‹katathymen Musikerleben› in der Musiktherapie, wo man während einer inneren Reise von den anderen Gruppenmitgliedern auf Musikinstrumenten begleitet wird, begleitet

hier die Musikgruppe den Maskenspieler.* Er beginnt mit geschlossenen Augen, den Weg seiner gemalten Choreographie zu gehen und auf diese Weise nach und nach den Tanz der Maske zu finden und zuzulassen.

Was im Inneren des Maskenspielers durch die Bewegung der Maske anklingt, wird über das Musizieren hörbar.

Die Musik verbindet zwischen der sichtbaren und der unsichtbaren Welt. Sie begleitet den Maskentanz und regt zum Tanzen neuer innerer Bilder an.

Über das Tanzen in der Maske, mit geschlossenen Augen und der Musik als Spiegel, Begleiterin und Führerin, kann der Maskenspieler den Tanz seiner Maske als den Tanz von Nichtgelebtem zulassen. Der Maskentänzer vereinigt sich mit der Maske und erlebt einen Zuwachs an Kraft und Lebendigkeit.

Dieses Hineingehen in die Maske ist der Tanz der inneren Orientierung, wo wir den Übergang in eine tiefere Wirklichkeit finden, die unser Alltagsgesicht ausgrenzt. Es ist der ergänzende Tanz zum Alltag, der blockierte Energien wieder freisetzt, uns Ausgleich finden läßt. In dieser Art Tanzarbeit erweitert sich das Alltagsbewußtsein und orientiert sich an den Vorgängen der inneren Welten. Zugleich nehmen wir die äußere Welt wahr und können Verbindungen zwischen diesen beiden Welten erkennen.

Beim Maskentanz der inneren Orientierung passiert Wandlung auf einer tieferen Ebene, die oft nicht gleich in Worte gefaßt werden kann und erst später, manchmal zuerst in Träumen deutlich wird.

* Zur Methode des Katathymen Musikerlebens: Haardt/Klemm, *Musiktherapie*, Heinrichshoven 1982.

Das Maskenspiel im Theater des Seins

Im ‹Theater des Seins› treten Maskengestalten aus dem Dunkel in das Scheinwerferlicht der Bühne, was zugleich dem Licht des Bewußtseins entspricht. Hier können die Masken im Spiel ihr Handeln und Wirken zeigen. Was bisher ‹Schatten› des Menschen war, erscheint jetzt als lebendiges Wesen auf der Theaterbühne und wird offen-sichtlich.

Auf der Bühne sehen wir das Spiel von Kräften, die auch in unserem menschlichen Denken und Handeln wirksam sind. Die Masken sind Gestalten aus dem Hintergrund unseres Lebens. Sie wirken in die Vorstellungen hinein, die wir von uns selbst und dem Leben haben. Auf der Theaterbühne gestaltet sich etwas aus diesem Hintergrund zum Vordergrund. Was hinter unserem Vorstellungsvermögen liegt, wird jetzt zur *Theater-vor-Stellung.*

Das Heilende an dieser Arbeit ist die Einsicht in größere Zusammenhänge des eigenen Lebens und die Verhaftungen unserer Seele.

Das ‹Theater des Seins› kennt zwei Formen:

- Eine gruppeninterne Form, d. h. das Spiel bleibt innerhalb der Gruppe.
- Eine öffentliche Form, d. h. das Spiel als Vorführung, was hier im Rahmen dieses Kapitels nicht weiter ausgeführt wird.

In der gruppeninternen Form, beim ‹inneren Spiel›, steht es jedem Gruppenmitglied frei, die Rolle des Maskenspielers, Zuschauers, Musikers oder Regisseurs einzunehmen, um das Wirken und Handeln seiner eigenen Maskengestalten auf der Theaterbühne zu studieren.

Einerseits kann er sich als Regisseur in dem Maskenspiel anschauen, wie die Vorgänge in seiner Innenwelt aussehen, und Zusammenhänge sehen lernen, die ihm bisher verschlossen waren.

Das eigene Drama wird zum sichtbaren Drama auf der Theaterbühne.

Andererseits kann er über das Ändern von Regeln tiefere Einblikke in das Mysterium solcher Vorgänge erhalten. Über das Ausprobieren kann er andere Wege finden, wie die inneren Kräfte zusammenspielen, und damit mehr in Einklang mit sich und der Umwelt kommen.

Solche Maskenstudien öffnen den Blick für feinere, nicht-offensichtliche Vorgänge des Lebens.

Wir stimmen uns ein

Die Theaterabende beginnen mit dem Ankommen aus dem Alltag. Es ist zunächst ein lockeres Zusammenkommen bei Tee, als Gelegenheit, die Probleme des Alltags hinter sich zu lassen und langsam bei sich anzukommen. Hier wird auch besprochen, wer mit seinen Masken arbeiten möchte und welches Thema der Abend hat.

Einerseits können diese Abende eine persönliche Lebensthematik erhellen, wo die Masken eines einzelnen Teilnehmers gespielt werden oder eine Maske von verschiedenen Teilnehmern gespielt wird. Es ist auch möglich, daß sich die Masken verschiedener Teilnehmer begegnen.

Andererseits können auch allgemeine Themen diesen Abend bestimmen, wie z. B. das Thema Farbe (alle grünen Masken spielen zusammen ...). Die unterschiedlichen Farbwesen treten auf die Bühne, und wir können beobachten, wie sich die Wesen der gleichen Farbgruppe verhalten, wenn eine andere Farbgruppe auftritt.

Vorbereitung zum Maskenspiel
Die Masken, welche an diesem Abend spielen, werden verteilt oder gewählt. Die Maskenspieler legen die Masken an und versuchen, sich in sie einzufühlen. Danach werden sie wieder abgelegt.

Der Theaterraum wird hergerichtet, und die zu den Masken gehörenden Musikinstrumente werden gewählt und aufgebaut (siehe Theaterraumskizze). Die notwendigen Requisiten werden angebracht, und nach und nach verwandelt sich der Raum in eine mythologische Welt.

Zur Vorbereitung kann auch je nach Bedarf das musikalische Sich-Einspielen nach Regeln der Musiktherapie gehören. Dies führt dazu, daß sich der musikalische Ausdruck der Gruppe verfeinert und präzisiert, und bestimmte Qualitäten von Kräften, die im Maskentheater Thema sind, können klarer zum Ausdruck kommen.

Wenn alles vorbereitet ist, finden wir uns zum eigentlichen Theaterspiel ein, und die Regeln des Spiels werden besprochen. Jeder Spieler kann wählen, wann er Zuschauer, Musiker oder Maskenspieler ist. Dies gilt auch dann, wenn wir die Maske zugeteilt bekommen. Das Zuteilen ist keine Verpflichtung, die Maske zu spielen. Eine weitere Regel kann sein, daß jede Maske nur einmal auftritt. Für das ganze Maskenspiel gilt, daß die Spielhandlungen zum Schutz der Maskenspieler nur symbolisch ausgeführt werden.

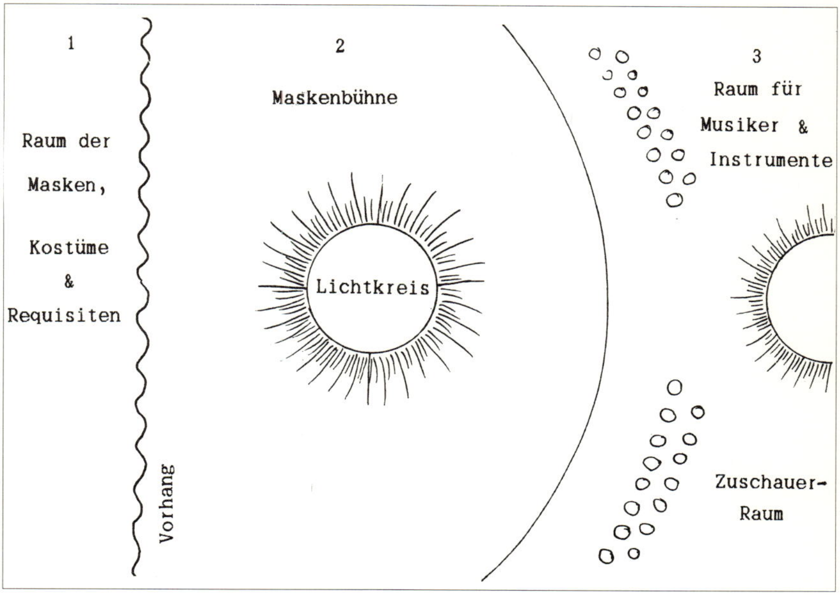

Der Theaterraum

Der Theaterraum ist in drei Zonen aufgeteilt:

1. Maskenbereich
2. Maskenbühne
3. Raum für Musiker und Zuschauer

1. Der Raum hinter der Bühne ist der Raum, in dem die Masken und Kostüme lagern. Symbolisch ist es der Raum des Unterbewußtseins. Es ist der Raum, aus dem Einflüsse in das alltägliche Leben einwirken, aus dem die Masken hervortreten und das Spiel auf der Bühne gestalten.
2. Der zweite Raum ist die mythologische Bühne. Es ist der Spielraum, wo die Masken ans Licht treten und ihr Wirken einsehbar wird. Es ist der Zwischenraum zwischen dem nicht einsehbaren Raum hinter der Bühne und dem Lebensraum der Menschen.

3. Der dritte Raum ist der Raum der Menschen, die dem Spiel zuschauen. In diesem Raum der Normalität und Realität haben die Teilnehmer an diesem Spiel die Wahl, die Masken zu spielen, sie mit Musikinstrumenten zu begleiten oder dem Maskenspiel einfach zuzuschauen. Möglicherweise kann beim Zuschauen ein innerer Impuls entstehen, in das Maskenspiel einzutreten und eine Maske zu spielen.

   Es ist auch der Raum des Spielleiters. Er führt das Licht – führt jeder Maske das Licht zu, das sie braucht. Das Licht ist gleichzeitig eine Intervention des Spielleiters, die die Vorgänge über das Licht verdeutlicht, um sie stärker in das Licht des Bewußtseins zu heben.

Ouvertüre: Die Klänge rufen die Masken

Diese Art von Theaterarbeit führt zu einer geistigen Weltsicht – zum Erkennen, wie wir in das Spiel kosmischer Kräfte eingebunden sind.

Das Theaterspiel beginnt und endet mit dem Gongschlag. Er ist das Zeichen, daß wir in eine andere Dimension der Wirklichkeit eintreten. Nun folgt das musikalische Vorspiel oder, wie bei der Oper, die Ouvertüre. Alle Spieler bleiben im Raum der Menschen und beginnen mit einer musikalischen Improvisation auf unterschiedlichsten Musikinstrumenten oder mit der eigenen Stimme, die ebenso als Instrument eingesetzt wird.

Die musikalische Improvisation und das daraus entstehende Maskenspiel verlaufen in einem ähnlichen Prozeß wie das Finden und Gestalten einer Maske im Maskenbau.

So, wie die Masken aus dem Bereich des Feinstofflichen kommen und sich über Klang, Farbe und Form im Maskenbau materialisieren, so entsteht auch das Maskenspiel im ‹Theater des Seins› aus Impulsen, die im musikalischen Spiel entstehen.

Die musikalische Improvisation geht in das Maskenspiel über, und das Hörbare wird nun auch sichtbar im Licht des Theaterraumes. Die Gesetze der musikalischen Improvisation sind auch die Gesetze des Maskenspiels.

Die musikalische Improvisation
Im Prozeß der Selbst-Erfahrung erkennen wie wieder, was wir in unserem Innersten schon wissen. Aber dieses Wissen ist uns nicht direkt zugänglich. Es kann erst durch eine Kette von Erlebnissen und Erfahrungen nach und nach entdeckt oder aufgedeckt werden. Die freie Improvisation ist ein mögliches Erfahrungs- und Übungsfeld, in dem wir uns auf den Weg zum Selbst machen können, und sie ist gleichzeitig der Lehrer, der aufzeigt, wann wir auf diesem Weg sind und wann wir davon abweichen. Die musikalische Improvisation ermöglicht einen Weg vom entfremdeten zum identischen Musizieren, vom ‹Machen› zum ‹Geschehen›-Lassen.

Eine Gruppe von Spielern sitzt mit verschiedenen Instrumenten zusammen und beginnt zu spielen. Sie spielen einfach so, ohne etwas Bestimmtes erreichen oder bewirken zu wollen. Es soll noch nicht einmal schön klingen, sondern das Spielen kommt, wie es kommt, und es klingt, wie es klingt. Das Spielen ist ein Entdeckungsvorgang.

Der Spieler ist aufmerksam, hört zu, versucht nicht zu lenken, mischt sich nicht ein, sondern bleibt ‹aktiver Zeuge› des Spielvorganges. Es geht beim Spiel nicht um den Beitrag des einzelnen, also nicht so sehr um das, was er spielt, sondern um das Ganze, was geschieht.

Nur in diesem Zusammenhang ist das Spielen des einzelnen wichtig und unerläßlicher Teil des Ganzen.

Das Ganze ist wiederum etwas, das geschieht, ob wir es bemerken oder nicht, und kann in der freien musikalischen Improvisation hörbar werden.

Im Zulassen, im Sich-spielen-Lassen, kann der Musikstrom, der aus den feineren Bereichen kommt, hörbar werden. Erst wenn wir uns mit den eigenen Spielvorstellungen heraushalten, kann sich dieses Spiel ungehindert entfalten. Hier ist es das Denken, das uns vom Fluß des musikalischen Spiels abtrennt, das uns hindert, auf das zu achten, was geschieht, und versucht, die Wirklichkeit in die eigene Vorstellung von Wirklichkeit hineinzuzwängen. Die Versuchung, eine Sache oder Situation so zu beurteilen, wie wir sie erfassen können, ist groß. Und in der Regel betrachten wir mit dieser Schablone die Umwelt und projizieren die eigenen Vorstellungen hinaus auf die Leinwand des Lebens.

In der freien Improvisation erhält der Spieler ein direktes Feedback auf sein Verhalten. Versucht er das Spiel in seine vorgestellte Wirklichkeit zu zwingen und möchte er, daß das Ganze ‹schön› klingt, wird das Spiel zum Chaos und zum Streß.

‹Schön› ist nicht für jeden das Gleiche, und so kann es geschehen, daß der eine Mitspieler nicht so will, wie es sich der andere vorgestellt hat. Die eigenen Vor-stellungen hindern daran, hinzuhören, zu entdecken, was wirklich geschieht, und will man seine Vor-stellungen verwirklichen, so endet das Spiel in einer Frustration.

Da, wo der Spieler lassen kann, keinen Anspruch auf die Qualität seines Spielens und an das Spielen anderer hat, kann er durch eine tiefe, innerlich zufriedenstellende Erfahrung beschenkt werden.

Das Machen, das Viele, das viele Überspielen ist es, was oft die tiefere Wirklichkeit zudeckt, übertönt, weil diese auch angstauslösend und schmerzhaft sein kann. Es entsteht Angst vor dem, was der Spieler beim Zulassen erkennen könnte. Sie entsteht vor dem, was aus uns herauskommen möchte oder könnte, vor dem, was wir nicht kennen.

Wenn wir es sind, die Musik machen, spielen wir von unseren Ich-Vorstellungen her, und deshalb geht die Musik, die wir machen, nicht so sehr tief – sie kommt ja auch nicht aus der Tiefe. Erst wenn wir das Spiel so spielen lassen können, wie es geschieht, wenn unser ‹Ich› nicht mehr im Zentrum des Handelns liegt, kann eine Musik entstehen, die aus tieferen Schichten kommt, die durch uns hindurchgeht, die immer schon war und ist und im ‹Jetzt› hörbar wird.

Das freie Spiel läßt uns die Erfahrung machen: Je mehr wir uns vorstellen, wie das Spielen sein soll, wie die improvisierte Musik klingen soll, um so mehr wird uns die Wirklichkeit zeigen, daß sie sich nicht in diese Vorstellungen zwingen läßt, daß wir in unserem Spiel verhaftet sind. Paßt mir im Spiel die eigene oder die Musik der anderen nicht, dann blockiere ich mit meinen Vorstellungen den Fluß des Spiels. Erst wenn ich z. B. beim Spielen bemerke, daß das Spiel geschieht, ist diese Blockade aufgehoben, und eine oft feinere Musik kann nach außen fließen und hörbar werden.

Es ist das Spielen und Lauschen nach innen und außen. Wir lernen, unsere Vorstellungen in jedem Augenblick auf-zu-geben, damit wir uns neu bilden können, damit ein-ge-geben werden kann.*

Aus dieser Sicht der freien musikalischen Improvisation ist das *Theater des Seins* der sichtbar gemachte Vorgang dessen, was in der musikalischen Improvisation geschieht. Was auf unser Denken und Handeln einwirkt und in der musikalischen Improvisation hörbar ist, wird auf der Theaterbühne nun sichtbar, und wir können diese inneren Vorgänge studieren.

Wie man am Himmel sehen kann, wie das Wetter wird, so kündigt sich in der Ouvertüre die Art und Weise des Maskenspiels an. Das

* Viele dieser Gedanken, die hier auf das musikalische Spiel bezogen sind, sind bei Reshad Field in anderen Zusammenhängen nachzulesen: *Ich ging den Weg des Derwisch*, Fischer 1981.

Maskenspiel erscheint als materielle, sichtbare Verdichtung der musikalischen Improvisation. Das Musizieren in der freien Improvisation ist vergleichbar mit der Wolkenbildung, die sich im Maskenspiel zu Regen, Hagel, Schnee, Sturm oder Gewitter verdichten kann oder sich auflöst und sonnigen Himmel erscheinen läßt.

Die Klänge rufen die Wesen im Maskenspiel. Man könnte sagen, die Ouvertüre weiß von dem nachfolgenden Spiel.

Nachgespräch: gemeinsame Betrachtung

Nachdem das musikalische Spiel der Ouvertüre in Gang gekommen ist, wächst irgendwann das Maskenspiel daraus hervor. Es kann sein, daß die Ouvertüre sehr kurz ist und die Maskengestalten schnell auftreten – es kann aber genausogut sein, daß die Ouvertüre sehr lang dauert und es so erscheint, als ob sich keine Maske zeigen wollte. Theoretisch wäre es möglich, daß es zu keinem Maskenspiel kommt, aber in der Praxis haben wir es noch nie erlebt. Irgendwann verspürt ein Spieler oder Zuschauer den Impuls, unter eine Maske zu schlüpfen und zu spielen. Dann kommt eine zweite Maskengestalt ins Spiel, und oft handelt eine ganze Gruppe von Maskengestalten auf der Bühne. Auch kann es passieren, daß nach einem Maskenspiel das Musizieren weitergeht und erst nach einer Weile wieder eine Maskengestalt erscheint. Oft gibt es noch ein musikalisches Nachspiel. Wenn der letzte Ton verklungen ist, ertönt der Gong, der wieder in die Welt unserer Realität zurückführt.

Nach dem Spiel setzen sich die Gruppenmitglieder mit den gespielten Masken in eine Runde, und die Masken erhalten Namensschilder, damit man über sie sprechen kann. Die Masken werden als eigenständige Wesen ernst genommen.

Nun kann jeder Spieler, der mag, in der Runde mitteilen, was er wahrgenommen hat. Er kann von dem sprechen, was er auf der Bühne gesehen hat, von seinen Erlebnissen unter der Maske, als Maskenwesen oder von inneren Vorgängen.

Es geht um das Zusammentragen, was jeder gesehen und erlebt hat. Wir lernen voneinander, indem wir für wahr nehmen, was jeder Teilnehmer sieht und mitteilt – ganz gleich, ob es Außen- oder Innenwelt, ob es äußere Umstände oder geplantes Handeln sind. Über jeden Maskenspieler können nur bestimmte Aspekte der Maske ins Spiel kommen. Es ist daher wichtig, dieselbe Maske von mehreren Spielern spielen zu lassen, um so immer tiefer in das Rätsel der Maske einzudringen und ihre Botschaft zu erfahren.

Gleichzeitig arbeitet aber auch jeder Maskenspieler an seinem persönlichen Thema, auch wenn es nicht seine Maske ist, die er spielt. Er hat sie entweder zugeteilt bekommen oder selbst gewählt. Beides hat mit ihm zu tun.

Beispiel eines Nachgesprächs:

OLIFIX • WADIN • HISS • YOZZ

An diesem Abend galt das Spiel drei Langnasen-Masken und einer tintenfischähnlichen Gestalt.

Das Vorspiel dauerte sehr lange und erweckte den Eindruck, als wollte an diesem Abend keine Maske auf der Bühne erscheinen.

Doch dann erschien HISS, eine Langnase, als sehr ängstliches und scheues Wesen. Als WADIN, eine andere Langnase auftauchte, begann HISS sich gleich hinter WADIN zu verstecken. WADIN zeigte sofort beschützende Bedürfnisse, und die beiden Masken klammerten sich aneinander.

OLIFIX, eine weitere Langnase, tauchte auf, und es war zu bemerken, daß sich ständig einer von den beiden um den ängstlichen HISS bemühte.

Als letzte Gestalt kam YOZZ, das tintenfischähnliche Wesen ins Spiel. Es wurde dunkel und bedrohlich. Die Aufmerksamkeit von YOZZ galt als erstes HISS; sie zogen sich beide wie Opfer und Täter an. YOZZ konnte jedoch HISS nicht erreichen, da sich WADIN als Beschützer aufdringlich dazwischenspielte und YOZZ besänftigend in die Gruppe der Langnasen einreihen wollte. WADIN versuchte das Fremde vertrauter zu machen.

YOZZ zeigte sich angriffslustig und gab den anderen mit seinen Stecken-Armen ab und zu eins ‹hintendrauf›.

HISS wurde immer ängstlicher, je mehr sich YOZZ für ihn interessierte, und die beiden Plus- und Minuspole traten immer deutlicher heraus. HISS, der als Protagonist das Spiel eröffnet hatte, machte das Thema Angst zum Thema der Spielszene. HISS war Mittelpunkt des Spiels.

Das Spiel von HISS und YOZZ zeigte sich als Schwarz-Weiß-Polarität. Die Polarität zeigte sich auch in der Entstehung der Masken. HISS kommt aus den höchsten Regionen der Berge, aus Schnee und Eis, und YOZZ aus den Tiefen des Wassers.

Die Langnasen zeigten sich im Spiel sehr körperbetont, suchten ständig Körperkontakt zueinander und zeigten sich harmoniebedürftig. Angriff ist nicht ihre Sache.

YOZZ zeigte sich widersprüchlich. Er sieht bedrohlich aus, kann aber nicht bedrohen – er sucht Kontakt. Er hat keine Feinheiten. Es war für die Maskenspielerin schlimm, gefährlich auszusehen, es aber nicht zu sein.

HISS zeigt sich von Natur aus ängstlich und macht den Eindruck eines Kükens, das gerade aus dem Ei kommt.

Nun kommt das Gespräch wieder auf OLIFIX, die älteste Langnase. OLIFIX widerstrebte es, sich mit den neuen Langnasen auseinanderzusetzen. Er mußte mit ihnen teilen, und das war für ihn neu. Er hatte bisher nie um etwas kämpfen müssen. Bei der Maskenspielerin löste dies innere Kämpfe aus.

Wir besprechen die Charaktere von WADIN, OLIFIX, HISS und YOZZ:

WADIN
Er ist männlich und von den Farben her etwas kitschig und sentimental. Er ist wie ein alter Herr, der sich altmodisch anzieht, oder wie die Paviane mit ihrem roten Hintern. WADIN ist mit seinem Löffel in jeder Suppe, hat überall die Finger drin. WADIN hat die Grundfarben gelb, blau, rot. Er hat eine blauäugige Sicht der Dinge, ist

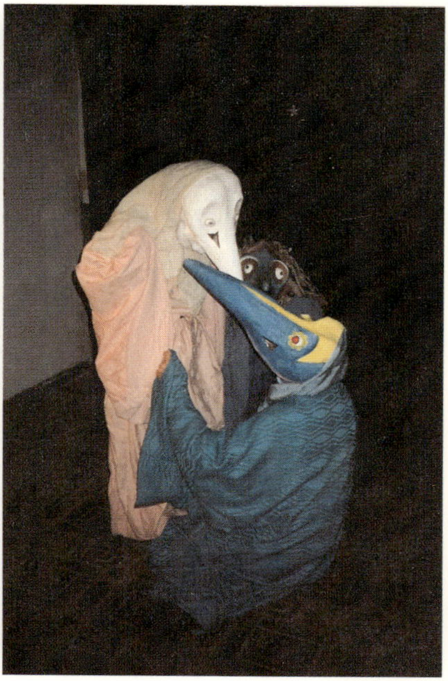

jedoch nicht illusionär. Er ist wach, bekommt alles mit und behält die Übersicht. Wadin nimmt viel in sich auf, saugt und tankt auf.

Olifix

Er ist ein männlicher Ästhet, ein stiller Künstler. Er spielt Cello und malt Aquarelle. Olifix ist routiniert. Er hat mitgespielt, aber sich nicht darauf eingelassen. Olifix kann seine Angst gut überspielen. Olifix und Yozz sind sich nicht begegnet.

Hiss

Hiss ist ein geschlechtsloses Kind. Es sieht ausgehungert aus und hat etwas von einem Hund. Hiss ist ‹etepetete›, er nimmt nichts an. Hiss war hinterhältig, unterwürfig, traurig, leidend, und er sieht sonderbar korrekt aus. Er lebt im Gegensatz zu Wadin nicht sein eigenes Leben. Seine Bemalung ist fast weiß. Hiss ist nicht in die Farbe gekommen, hat nicht Farbe bekannt. Er ist ein Ästhet, läßt nichts aus

sich raus, nimmt auch nichts auf. HISS ahmt Verhalten nach und sucht Schutz. Meist hält er die Luft an. HISS und YOZZ haben von der Aussprache einen ähnlichen Klang. (Bei der Gestaltbetrachtung der Vokale wird I mehr im Kopfbereich und O mehr im Bauchbereich gespürt.) HISS' Erwartungshaltung besteht darin, daß er immer denkt, gleich kommt etwas Gefährliches. Diese Angst ist begründet, da YOZZ aus den Tiefen, aus dem Unbewußten kommt.

YOZZ

Er ist männlich und hat ein großes Maul, das er sich mit seiner langen Nase zuhält. Es ist wie einen Finger vor den Mund halten. YOZZ ist Langnase und Großmaul, was er zu verstecken und zu verschweigen versucht. Die Maskenspielerin berichtete, daß sie beim Spiel mit YOZZ nicht in den Spiegel schauen mußte, um Kontakt mit ihm zu bekommen. Die Langnasen hatten einen großen Anteil daran, daß YOZZ so friedlich war.

Ausklang

Solch ein Spielabend im *Theater des Seins* bedarf eines Ausklangs als Übergang in die Welt des Alltags. Meist sitzt die Gruppe noch bei Tee und Abendessen zusammen. Elemente aus dem Theaterspiel plätschern im Gespräch noch nach und vermischen sich wieder mit Alltagsgedanken. Das Aufgewirbelte kann sich wieder setzen.

Abschied

Nachdem wir von der Maske gelernt haben, gilt es, von ihr Abschied zu nehmen, sich bei ihr zu bedanken, und sie wieder zurückzugeben, indem wir sie verbrennen. Da jede materielle Form Energieträger ist, wird diese Energie wieder frei, wenn die Maske verbrannt wird und Flammengestalten entstehen.

Ein Flammenengel bei einer Maskenverbrennung.

Nachgedanken zum Thema Maske – Gesicht – Antlitz

Die vielen Gesichter der Masken, die lebendige Vielfalt von Farben und Formen im Maskenspiel vermitteln einerseits den schöpferischen Reichtum, der in dieser Arbeit zur Entfaltung kommt, und lassen andererseits die Frage nach dem Gesicht selbst, nach dem Wesen des Gesichtes wach werden.

Im menschlichen Gesicht ist die Geschichte unserer Lebenserfahrungen eingezeichnet, und unser Gesicht drückt gelebte Erfahrungen aus. Aber auch andere Gesichter scheinen in manchen Situationen durch das Gesicht hindurch, die anziehen, faszinieren oder auch erschrecken können.

Die Maskenarbeit ist ein eindrücklicher Weg, solche ungreifbaren Vorgänge zu veranschaulichen und ‹greifbar› zu machen, wie es in diesem Buch auf vielfältige Weise beschrieben und zu sehen ist.

Der Umgang mit Masken führte uns einerseits zum Einblick in geistige Vorgänge, wo die Maske, wie hier im *Theater des Seins* und auch in den Kapiteln vorher beschrieben, als Mittel zur Erkenntnis benutzt wird.

Andererseits gelangten wir über die Maske zur Besinnung auf das Gesicht als Phänomen und damit zur Besinnung auf das Wesen des Gesichtes.

In der Auseinandersetzung mit dem Thema Ur-Gesicht kamen wir über die Gottes-Bilder in den verschiedenen Religionen zur christlichen Ikone als Abbild des Ur-Gesichtes und sichtbarem Ausdruck des Heiligen.*

Damit eröffnete sich uns ein neuer Abschnitt in der Auseinandersetzung mit dem Gesicht. Es ist der Weg in die andere Richtung, von der Vielfalt der Gesichter in den Masken hin zum Ur-Gesicht, der

* Hans Werner Reissner, *Das Antlitz Jesu Christi*, Veritas Verlag 1973, S. 23.

IC
XC

Weg zur Mitte, zum Ur-Bild des Menschen. Die Besinnung auf das Gesicht, wo Augen, Nase, Mund, Ohren, Kinn ... so in Größe und Anordnung zueinander stehen, daß sie in vollkommener Harmonie ruhen – auf das vollständige Gesicht ohne Abweichungen oder Verzerrungen, ohne Bewegung, wie die spiegelglatte Oberfläche des Sees – das Gesicht, von dem alle anderen Gesichter Varianten oder Abwandlungen sind, führte uns zum ewigen Antlitz und damit auch zu Jesus Christus.

Das Wort Ikone heißt ‹wahres Bild›, und in der Christus-Ikone geht es um das Antlitz Christi als mein wahres Bild.

Aus christlich-orthodoxer Sicht ist im Geheimnis des Menschengesichtes die unsichtbare Göttlichkeit in der sichtbaren Menschlichkeit zugegen.

«Wer mich gesehen hat, hat den Vater gesehen» (Joh. 14.,9).

Gott, den niemand jemals geschaut hat, wird im Mensch gewordenen Logos geschaut, real, bildhaft, gegenwärtig.*

Dieses ‹wahre Bild› steht als Vermittler zwischen Gott und dem Menschen – zwischen dem Urbild Gottes, dem wir nachgebildet sind und aus dem wir jedoch immer wieder herausfallen. Diese Auseinandersetzung mit dem Thema Gesicht und Antlitz Christi erfahren wir als einen Vorgang der Klärung, der alte Wege und Sichtweisen wandelt, innerlich erneuert und eine Orientierung zu Gott hin gibt.

* Anastasios Kallis, *Orthodoxie – was ist das?* Grünewald Verlag Mainz, 1991, S. 76 ff.

VIII.
Wegbereiter – Wegbegleiter
Wandlung von Maske zu Maske

Drei Jahre Maskengruppe – lebendiger Mythos

‹Lebendiger Mythos› ist eine dreijährige künstlerische Arbeit in Kurswochen und an Wochenenden für Menschen, die an Grenzen oder Übergängen ihres Lebens stehen.

Übergänge kündigen sich durch innere oder äußere Krisen an: Beziehungen lösen sich auf, ‹die Arbeit geht nicht mehr weiter›, oder wir müssen Abschied nehmen von Menschen, die uns nahestehen.

Die individuellen Formen, in denen sich Krisen äußern, sind vielfältig: einheitlich ist, daß solche Grenzsituationen uns allen mehrfach im Leben begegnen, obwohl wir als gerade Betroffene meinen, die einzigen zu sein, die in einer solchen Situation stehen.

Das Erleben der Grenze birgt zwei Möglichkeiten:

- Wir werden orientierungslos, entmutigt, ziellos, und das Leben erscheint uns ohne Sinn und leer. Wir beklagen unser tragisches Schicksal.
- Wir akzeptieren die Grenze als einen Übergang, der uns neue Lebensbereiche erschließt, in neuen Lebensreichtum hineinführen will. In diesem Fall führt die Grenze uns zurück zur eigenen Mitte, als Gelegenheit zur Sammlung der eigenen Kräfte.

Die zweite Sichtweise animiert uns vielleicht dazu, ‹uns Zeit zu nehmen für uns selbst›.

Diese Zeit ist notwendig, damit sich das Leben auf neuen Wegen entfalten kann. Schlaf und Traum sind wichtige Zwischenräume zwischen dem Tag, den wir gerade gelebt haben, und dem ‹Morgen›. Der Gang in die Mitte vermittelt ebenso alte und neue Zeit, alten und neuen Lebensraum miteinander. Wir brauchen dieses Zwischen der Besinnung, damit Sinne und Sinn wieder klarer werden.

Dann erst kommen ‹Zeit und Ort›, wo es gilt, die eigene Mitte wieder über die Grenze hinüberzutragen: Grenzüberschreitung, Neuland.

Alte Geschichten gebrauchen das Bild der Wüste oder des Walfischbauchs, wenn sie von diesen Situationen im Menschenleben berichten. Es ist ein Ort und eine Zeit, wo innere Bilder aufsteigen und sichtbar werden wollen. Sie möchten beschreiben, verbinden, verdauen helfen, was gewesen ist. Sie können Wegweiser für den vor uns liegenden Weg sein. Diese Bilder sind Symbole. Masken sind die Möglichkeit, die inneren Bilder zu sichten und zu begreifen. Diese kreativen Bilder und Geschichten sind ‹Angebote des Lernens› und Lehrer für uns auf unserem inneren Entwicklungsweg. Sie sind ‹Wächter der Grenzen› und ‹Grenzgänger›, also Gestalten, die Grenzen überschreiten. Das Spiel mit den Masken an der Grenze ist das Spiel der *Verwandlung.*

An den Übergängen des Lebens geschehen die Metamorphosen. Der Weg, die Richtung, die wir bisher gegangen sind, verändert sich. Wir verwerfen Altes (früher Brauchbares) als Ballast für den weiteren Weg. Wir verinnerlichen die Teile, die wir mitnehmen wollen, und verbinden sie mit unserem neu entworfenen Weg.

Ein Symbol dieses Prozesses ist seit alters her die Maske. Schon altsteinzeitliche Felsbilder zeugen von dieser Funktion.

Die Verwandlung mit Hilfe der Maske ist eine zweifache, eine äußere und eine innere. Sie ist *Maskentanz,* das meint: du gestaltest eine Maske, ein Bild, einen Ritus, eine Szene, einen Tanz. Dies entspricht einer Transformation von innen nach außen, vom Geistigen ins Materielle. *Maskentherapie* dagegen heißt: die gestaltete Form der Maske, der Szene, des Tanzes … wirkt auf dein inneres Wesen zurück und wandelt dich mit Hilfe deiner Wahrnehmung.

Lebendiger Mythos verbindet die beiden Elemente Maskentherapie und Maskentanz.

Lebendiger Mythos ist eine Provokation: «Laß dein Schicksal liegen und lebe den dir innewohnenden *Mythos!*»

Wir können unser Leben als Schicksal betrachten oder als Mythos. Ein Mythos ist eine *Geschichte der Wandlung*, die Veränderung beschreibt und sich selbst immer wieder wandelt. Wir kennen Mythen vor allem als bildhafte Geschichten vom Anfang und vom Ende der Welt, also von Verwandlung.

«Die Welt von jenem Punkt aus wieder aufbauen, um den und von dem aus der Begründer selbst organisiert ist, in dem er ursprünglich ist: das ist das Größte und Vornehmlichste Thema der Mythologie, das ist das Begründen.» *Karl Kerenyi*

Wo Bild und Geschichte zusammenkommen, entstehen Mythen. Die Bilder, die an der Grenze auftauchen und mit deiner Geschichte (dem im Laufe der Zeit Geschichteten) zusammenfließen, werden zu Masken. Deine *individuelle Mythologie* ist eine sinngebende Struktur deines Ursprungs, deines Lebens und deines Todes. Sie entfaltet sich anhand der Maskengestalten, die du baust und spielst. Die kollektive Mythologie der Menschheitsgeschichte klingt dabei oft an.

Innere Bilder zu visualisieren und in Masken darzustellen bedeutet, die eigene innere Struktur kennenzulernen.

«Immer hatten Mythen und Riten vor allem die Funktion, die Symbole zu liefern, die den Menschen vorwärtstragen, um den anderen ebenso konstanten Phantasiebildern entgegenzuwirken, die ihn an die Vergangenheit ketten wollen.» *Josef Campbell*

Die Maskenarbeit, die hier dargestellt ist, setzt nichts voraus, weder an künstlerischen noch sonst irgendwelchen Fähigkeiten. Die Arbeit fängt dort an, wo jeder einzelne sich befindet. Den Rhythmus, das Zeitmaß der Arbeit, des Fortschreitens, bestimmt jeder selbst. Anstelle von Gruppenleistungsnorm und Lehrmeistererwartungen geht es darum, ‹das Leben wieder in die eigene Hand zu nehmen›; ein sanftes Lernen, ein leichtes, ein angenehmes Lernen. Der Leiter hat die Aufgabe, dafür einen Rahmen zu schaffen, daß jeder seinen eigenen Lernprozeß mit sich selbst entfalten kann.

Die Vorgehensweise

Zu Hause baust du deine Masken für dich allein oder vielleicht auch mit jemand anderem aus der Gruppe zusammen. Es gibt jeweils ein

Thema dazu, das über einen Zeitraum von zwei oder drei Gruppentreffen im Raum steht. Es ist als Fokus gedacht, als Blickwinkel, nicht als Einschränkung für deine Kreativität.

Zu jeder Maske gehört auch ein Gewand, das du ihr nähst. Die Maske ist eine Verhüllung des ganzen Körpers. Der Mensch verschwindet vollkommen darin.

Die Masken werden aus Ton geformt und mit Kleisterpapier belegt. Die getrocknete Papphaut, die vom Ton abgehoben wird, ist die eigentliche Maske, die sehr leicht ist. In der ersten Woche gebe ich eine Einführung in diese handwerkliche Technik. Maskenbau und Gewandschneidern sind schon eine Auseinandersetzung mit dem Thema. Es ist eine Gelegenheit, dir im Alltag Zeit für dich zu reservieren. Vielleicht entdeckst du dabei auch schon Anknüpfungspunkte für dich, seien das Gedanken, Gegenstände, Bilder oder Bücher. Es kann sein, du sagst jetzt: «Das ist ja ganz schön, aber ich bin doch kein Künstler.» Sei unbesorgt, das, was sich in uns ausdrücken will, kommt von selbst.

An den *Gruppentreffen* nehmen wir uns Zeit, die Masken kennenzulernen: zuerst jeder für sich, dann in der Gruppe. Die Masken zeigen sich uns – wir schauen sie an. Die Masken spielen untereinander – wir spielen mit ihnen, und die Masken spielen mit uns. Wir schlüpfen in die Masken hinein und erleben, wie es drinnen ist. Wir sehen auch (zu einem späteren Zeitpunkt) andere in unsere Masken hineinschlüpfen, und es ist fast, als würden wir uns selbst beobachten. Wir tauschen nach dem Spiel aus, was wir erlebt oder gesehen haben. Unsere unterschiedlichen Wahrnehmungen und Projektionen ergänzen sich, indem sie ein Muster weben, das fortschreitend klarer und deutlicher ein Bild entstehen läßt, von dem, was ein einzelner in Worten nur unvollkommen beschreiben könnte.

Wichtig ist bei dieser gemeinsamen Arbeit das direkte Erleben unserer Phantasien, Wünsche, Vorstellungen. Es ist eher ein Experimentieren, ein Ausprobieren, ein Ent-decken, als ein ‹darüber Reden›.

Wieder zu Hause – zwischen den Treffen gehen die erlebten Bilder häufig in den Alltag mit hinein, wirken nach. Oft kommt überraschend ein plötzliches ‹Mehrverstehen›, wenn die Bilder eine Zeitlang Begleiter im Alltag gewesen sind. Die ‹Zeit zwischen den Zeiten› ist auch die Möglichkeit, die Photos zu betrachten, die von den Masken und ihren Spielen entstanden sind. Im Photo siehst du als MaskenspielerIn ‹dich selbst von der anderen Seite›, wie du dich während des Spiels niemals sehen kannst. Das ist wichtig. Es ist die Chance der Zusammenschau von innerem Erleben und Aus-druck, Wirkung nach außen.

Spannend ist auch, was für einen Platz sich deine Masken in deinem Zuhause, deinem Alltag suchen. Wollen sie sichtbar sein oder verborgen in ihren Stoffbeutel-Hüllen-Höhlen? Wie ordnen die einzelnen Masken sich einander zu? Schauen sie sich an? Wollen sie vielleicht nichts miteinander zu tun haben?

Jetzt ist auch gute Zeit, die Geschichten der Masken, ihre Mythen, nachzuträumen, in Resonanz des Erlebten. Vielleicht schreibst du die Geschichten auf, schreibst sie fort, wenn sie sich weiterentwickeln, fügst ein Bild hinzu, um dann beim nächsten Treffen die Geschichte des Maskenlebens weiterzuerzählen.

Kontakt zum Kursleiter zu halten, über Briefe oder telefonisch, kann wichtig sein in dieser Phase. Ich biete auch die Möglichkeit von Einzelarbeit mit mir an: ‹WegBegleitung›, die es dir vielleicht erleichtert, ein Thema noch einmal genauer anzuschauen.

Maskenthemen

Die Themen, zu denen wir arbeiten, sind *Fokusse*. Sie richten unseren Blick auf den Zusammenhang zwischen Individuum und Kosmos, auf die allem Leben und allem menschlichen Verhalten zugrundeliegende Struktur.

Im Laufe der drei Jahre erarbeiten wir uns fünf Themen, die ein zusammenhängendes Ganzes bilden. Ich beschreibe im folgenden beispielhaft eine mögliche Entwicklung. Doch jede Gruppe wandelt ihren eigenen Weg, nimmt ihre eigene Entwicklung. Die Reihenfolge und die Themen sind nur ein Beispiel.

Spiegel und Schatten

Thema dieser Arbeitsphase ist die Welt der Gegensätze, wie wir sie erleben, aus der das, was wir Wirklichkeit nennen, entspringt. Es ist geometrisch die Gerade, arithmetisch die Zahl ‹2›.

Wo Licht ist, ist immer auch Schatten. Am Anfang wirken Masken manchmal bedrohlich auf uns: dunkle Gestalten, die uns in die Tiefe ziehen wollen. Wenn wir in die Dunkelheit hineingehen, erleben wir, daß sie nur die Rückseite des Spiegels ist, das Tor zum Licht.

Im Maskenbau gestalten wir die *Göttin,* den Urgrund der weiblichen Identität in Männern und in Frauen, und wir bauen das TIER als Fabeltier, Monster, das furchterregende oder vertraute Element unserer Tiernatur. Die Triebkräfte, die in uns schlummern, sind Thema. Sie bilden vier Kreisläufe: Angst – Sicherheit; Hunger – Nahrung; Aggression – Macht; Geschlecht, Vereinigung – Tod. Die älteste Göttin als ‹Herrin der Tiere› ist auch die Höhlengöttin, und die Maske ist (zuerst) wie eine Höhle, wenn wir hineinschlüpfen.

Die vier Elemente

Die Vollkommenheit der Höhle löst sich auf. Strukturen bilden sich: Das Kreuz, das Quadrat, das Rechteck. Immer sind es vier Teile, die eine Einheit bilden. Immer bilden die Elemente Gegensätze, die zusammengehören und sich ergänzen. Die vier Jahreszeiten, die vier Richtungen der Wind-Rose, ‹Feuer, Wasser, Erde, Luft› oder ‹Empfinden, Fühlen, Denken, Handeln›. Vier Kategorien des Lebens in seiner Ganzheit, vier Funktionen unseres Bewußtseins. Ur-Gegensätze, Polaritäten, die zu trennen sind, damit wir sie wieder miteinander vermählen können. In der Heiligen Hochzeit erzeugen wir Zwischenrichtungen. Die Masken, die wir bauen, heißen *Feuer* oder

Wasser, Erde oder *Luft*. Zu diesem Thema gehört die Arbeit mit den Masken in der Natur, Arbeit mit den uralten Ritualen von Schwitzhütte und Feuertanz, Baummeditation und Steinkreis.

Wir träumen unser Leben – wir leben unsere Träume

Im Lesen der Briefe, die unsere Träume schreiben, kommen wir mit unserer schöpferischen Kraft in Berührung. Wir dringen ein in den Kosmos unserer Träume.

Unsere *Träume wachtanzen*, sagen die Indianer.

Unser Leben ist ein kultureller Traum, und unser Traum ist unser eigentliches Leben.

Die Zahl ‹1›, die Ganzheit, in der sich die Gegensätze ergänzen, ist Thema, die Einheit von Traum und Leben. Träume haben mit dem Tod zu tun. Im Traum löst sich unser Ich auf, Traum ist Einweihung.

Träumen ist ein Prozeß, in dem Materie auf ihren bildhaften Grund zurückgeführt, ‹verdaut› und in Seele verwandelt wird. So entwachsen wir der mörderischen Einseitigkeit unserer Tagwelt-Perspektive.

Wir spielen und tanzen und bauen Traumgestalten, die in unseren Träumen immer wiederkehren. Wir erleben die Träume noch einmal neu oder spielen sie weiter, erleben ihren *Fort-Gang*. Wir machen unseren Eigensinn zum Lebenssinn. Wir spüren hinein in die Unterwelt, die Welt des Hades, wo die Träume leben, und lernen ihre Gesetze kennen. Es ist wie ein Lauschen auf uns selbst, auf die Botschaften, die unsere Körper, unsere Seelen uns darbieten.

Der Weg durch das Labyrinth

Die Reise geht weiter. Die *Reise* selbst wird zum Thema: Der weltweite Mythos vom Helden, der ins Ungewisse ziehen muß, um sich zu bewähren, begleitet uns. Der Held, der Heros, der männlich oder weiblich sein kann, begegnet seinem eigenen Widersacher, seinem eigenen inneren Widerstand, dem Ungeheuer-lichen, und er soll es integrieren. Er muß ins Labyrinth, in die Mitte zum Ursprung zurück, um dann wieder neu ins Leben treten zu können, um sein Reich zu gewinnen. Durch Tod zum Leben, oder ‹Lebe dein Sterben›. Das Thema ist Abschied nehmen, ver-innerlichen, erinnern. Als Maske bauen wir jeder einen *Helden* und ein *Ungeheuer*. Gemeinsam entwickeln und erbauen wir das Labyrinth, die mythische Bühne, auf der sich die beiden begegnen. Das Labyrinth führt uns hinein in die Symbolik der Zahlen 3, 7, 9, 13 und in die Formen des Bogens, des Dreiecks und der Spirale.

Die Wesen der Steine – das Wissen der Sterne

Himmel und Erde kommen zusammen.

Vom Steinkreis aus, dem Spiegel der Schamanen, der Orientierung im Raum, gelangen wir zum Tierkreis, der Orientierung in der Zeit.

Der Tierkreis ist der Adam Kadmos, der vollständige Mensch. Die vier Elemente vermählen sich mit den drei Bereichen: Geist, Körper, Seele.

Fast alle Ursymbolik findet im *Rad* von Raum und Zeit ihren Platz.

Anhand der Zeichenkonstellationen von Sonne, Mond und Aszendent unseres Geburtshoroskops bauen wir unsere Masken. Im Spiel dieser Kräfte erfahren wir unsere Anlage als Weg, wenn wir ihn in die eigene Hand nehmen. Du hast dein Leben in der Hand, und es ist gut zu wissen, was du in der Hand hast.

Schließlich stellst du deine eigene Maskenfamilie als Maskenkreis dar. Die Struktur der Familienmitglieder untereinander wird deutlich. Ein solcher Maskenkreis ist im nächsten Abschnitt beschrieben.

Acht Masken eines individuellen Mythos*

Fast drei Jahre lang habe ich an einer festen Maskengruppe unter der Leitung von Reinhard Winkler teilgenommen. Während dieser Zeit habe ich acht Maskengestalten geschaffen – schwere und leichte, dunkle und helle. Ich habe mit ihnen gespielt und sie dabei kennengelernt und im Fortlauf ihre inneren Zusammenhänge erfahren und begriffen. In der Rückschau stellen sich mir diese Maskengestalten als ein Teil meines eigenen inneren Mythos dar. Die Beschreibung jeder einzelnen Maskengestalt und die Hinweise auf ihre inneren Zusammenhänge geben einen Einblick in ihn.

Die erste Maske: Augomunda
entstanden in dem Seminar ‹Die Reise des Helden›

Am Anfang steht ein Ruf – ein gewaltiger Ruf aus der Tiefe – ein Ruf aus dem Bauch. Der große, rund geöffnete Mund des übergroßen, gelben Maskengesichtes liegt in Höhe bzw. Tiefe des Bauches der Maskenträgerin. Der Mund ist Bauch – der Bauch ist Mund. Auch die in zwei dunkelvioletten Höhlen liegenden runden, beweglichen Augäpfel in derselben Farbe sind Ruf, der uralt ist und tief von innen aufsteigt.

«Wie lange rufst du schon, Augomunda?»

«Wen rufst du?»

«Wie lange wartest du schon auf Antwort?»

Der blutrote Mund ist Sehnsucht, Wunde, Vagina. Er zeugt von Verletzung. Es fällt Augomunda schwer, diesen Mund offen vor anderen zu zeigen. So tritt sie am Anfang immer wieder mit verdecktem Mund auf, und der Prozeß der Enthüllung geht jedesmal sehr langsam vor sich.

* Dieser Bericht wurde von Krienhild Dargies für dieses Buch geschrieben. Krienhild war eine wunderbare Frau, eine Träumerin, Poetin und Tänzerin. Schön war unsere Begegnung. Danke, daß ich von Dir lernen durfte.
Reinhard Winkler

Augomunda.

Schauwaruwa.

Augomunda hat einen gewaltigen Kopf. Er reicht bis auf den Unterleib, verdeckt ihn teilweise. So kann sich diese Maskengestalt nur langsam und mit leicht gebeugten Beinen, wie ein Kopffüßler, bewegen. Augomundas Thema ist ihre Sehnsucht.

Die zweite Maske: Schauwaruwa
entstanden für das Seminar ‹Krieg und Frieden›

Der Name dieser Maske, zusammengesetzt aus ‹schauen› und ‹rufen›, setzt zunächst völlig unbeabsichtigt das Thema der ‹Augomunda› fort. Mit diesen Tätigkeiten tritt sie dann auch in Aktion.

Schauwaruwa ist gespalten wie das Thema ‹Krieg und Frieden›. Sie ist eine ‹schwere› Gestalt, schwer an Gewicht, schwer zu tragen und schwer zu ertragen in ihrer Gespaltenheit. Die helle Seite, die als friedliche gedacht war, nimmt bei näherer Betrachtung verzerrte Gestalt an und zeugt von einem falschen Frieden und einer falschen Freundlichkeit. Die dunkle Seite mit ihren Furchen und dunklen Farben wird die sympathischere, die wärmere. Der gespaltene Mund zeigt abgeplattete Zähne. Sie nehmen etwas von den aggressiven Bedürfnissen zurück, die diese Gestalt gerne offen ausdrücken würde.

Schauwaruwa, die Schwere, wird erst leicht in einem ekstatischen Stampftanz zu wilder Trommelmusik. War bei Augomunda der Mund der Ruf, so ruft und schreit Schauwaruwa immer wieder ihren Namen, er tönt gewaltig durch die Maske hindurch. In der Entfesselung ihrer Energien wird sie ganz Person. Dazu nimmt sie den gesamten Bühnenraum ein und füllt ihn aus, bis die körperliche Erschöpfung dem ein Ende setzt. Die Schwere ist nicht mehr zu spüren; die gespaltenen Seiten wurden im Tanz zur Einheit. Noch lange danach wirken die dunklen Schreie und Töne warm im Bauch nach.

In der Begegnung mit anderen Maskengestalten nimmt Schauwaruwa wieder etwas von der Energie, die in ihr steckt, zurück. Sie tritt in Kontakt mit einem Wesen, das, ähnlich wie sie, etwas ‹abgeschnürt› hat. Als sich ein wirklich kraftvolles Wesen dazugesellen will, um zu spielen, lassen die beiden dieses nicht zu, töten das Wesen und gehen als Verbündete ab.

Lange Zeit später konnte ich Schauwaruwa sterben lassen, nachdem sie mich in Ruhe gelassen hat. In einem Verbrennungsritual ging sie in Flammen auf. Als alles andere bereits zu Asche zerfallen war, kam noch immer Feuer aus dem langsam verglühenden Mund.

Die dritte Maske: Das Kind
entstanden in dem Seminar: ‹Träume I›

Diese Maske ist ein echtes Frühlings- und Sonnenkind. Sie ist schnell gebaut, draußen im Sonnenschein. Sie trocknet schnell. Sie hat eine leichte Geburt. Ihre Haut bleibt die des Babys, sie wird nicht bemalt. Ihr Gewand ist aus leichtem, hellrotem, glänzendem Stoff. Das ‹Kind› will spielen, hat Glocken um die Handgelenke, liebt die Bewegung, den Tanz, das unbeschwerte Lustigsein. Es geht auf viele Feste, hat viel Kontakt. Es fühlt sich wohl.

Das Thema dieser Maske wird die Geburt des Kindes in mir. Nach den beiden schweren Masken Augomunda und Schauwaruwa erlebe ich diesen Durchbruch als befreiend. Vor dem Gestalten der Maske habe ich zwei Geburtsträume.

Auf dem Maskentreffen überfällt mich während eines lustvollen Tanzes eine starke Hyperventilation. Während des anschließenden Atemprozesses erlebe ich den geburtsähnlichen Durchbruch aus Todesangst, Verkrampfung, Schreien, dem Herauslassen aufgestauter Aggression über völlige Entspannung bis zu einem kindlichen Glücksgefühl. Dieses findet seinen äußeren Ausdruck darin, daß meine Maske, das ‹Kind›, am Ende des Prozesses zwischen meinen geöffneten Beinen liegt.

Das Kind.

Huaranca.

Schlangenblume.

Die vierte Maske: Huaranca

entstanden zur indianischen ‹Legende von der schwarzen Orchidee›

Huaranca ist in der Legende die junge, schöne, noch unberührte Tochter eines uralten Kaziken, um die viele Freier werben. Warum wähle ich diese Gestalt und nicht die alte Zauberin, die mich fasziniert, oder einen der Freier oder die schwarze Orchidee? Beim Bauen und Anmalen der Maske der Huaranca wird mir deutlich, daß sie offensichtlich das zu einem Mädchen, einer jungen Frau herangereifte Kind ist, das im Frühling geboren wurde und sich auslebte. Huaranca entwickelt ein großes Interesse für Männer, sie hält sich für ihre Freier bereit. Sie tanzt, lockt, hat Spaß daran, sich zu zeigen und Aufmerksamkeit zu erregen. Das ist ihre Rolle im Maskenspiel, und das ist die Rolle, die sie einnimmt, wenn ich sie auf Feste mitnehme und sie tanzen lasse. Huaranca trägt dieselben Farben wie Augomunda: Ihre Grundfarbe ist gelb, doch nun strahlender und intensiver durch das Beimischen von einem leichten Orangeton; rot ist auch der Mund, der eine geschwungene Form hat, doch nun dunkler und wärmer. Und violett ist wieder das Gewand. Nur die Augen haben eine andere Farbe und Form: weit geöffnet, weiße Augäpfel und türkise Pupillen mit einem hellen Glitzerstein und lange schwarze Wimpern.

Die fünfte Maske: Schlangenblume

entstanden zu dem Seminar ‹Träume II›

Ein strahlender Sommer ist vorüber. Augomundas Sehnsucht, des Kindes Spiel- und Lebenslust, Huarancas erotische Bedürfnisse und Ausstrahlung verdichten sich in einer neuen Maskengestalt, der Schlangenblume. Dieses pflanzenhafte Wesen mit seinem Maskengesicht in Form einer geöffneten Blüte zeigt offen seine sexuellen Bedürfnisse: Die hell- bis dunkelviolett gefärbten Blätter sind weit geöffnet, der rote, tiefe Blütenmund mit nach außen züngelnden Strahlen möchte Aufnehmen und Verschlingen. Die goldene, sich windende Schlange oberhalb des Mundes weist auf Eindringen und das Bedürfnis nach sexueller Vereinigung hin. Im Spiel kommt die Schlangenblume zu keiner echten Befriedigung. Ihre Energien bleiben in ihren Symbolen gefangen.

Die sechste Maske: Schwarze Göttin
entstanden aus dem Körper der Huaranca

Zu meinem anfänglichen Erstaunen blieb der Tonkörper der Huaranca beim Abheben der Maske vollkommen erhalten. Als Veränderung erhält die nun entstehende Gestalt lediglich einen Kranz aus Lotusblütenblättern um die obere Hälfte des Kopfes. Schon beim Betrachten des kaschierten Tonkörpers der Huaranca entdecke ich einen meditativen, leicht nach innen gerichteten Zug in diesem Gesicht, der etwas Buddhahaftes auf mich ausstrahlt und mich dazu bewegt, den Lotusblütenkranz um den Kopf zu gestalten. Ich male die neue Maske vollkommen mit matt-schwarzer Farbe an. Nur der Lotusblütenkranz, die spiralförmig nach innen gewundenen Augäpfel und der leicht geöffnete Mund werden mit Goldbronze bemalt. Auf der Stirn trägt sie das Yin- und Yang-Zeichen. So ist aus der Huaranca die Schwarze Göttin geworden, die weibliche und männliche Züge trägt.

Diese Gestalt ruht lange, bis sie als Herrscherin – es könnte auch ein Herrscher sein – auftritt. Ihr Reich ist das der Macht, der Magie, des Todes. Der Schwarzen Göttin gelingt es nicht, diese ihre Herrscherinnenrolle durchzuhalten. Sie fällt aus ihrer Rolle, im brutalen Kampf mit dem Teufel um eine Dirnengestalt, die sie erotisch und sexuell sehr stark anzieht. Die Lebens- und sexuellen Energien der Huaranca und der zwischenzeitlich entstandenen Schlangenblume treiben sie zu deren Spiel, nicht zum Spiel der Schwarzen Göttin. Diese hätte es nicht nötig, einen brutalen Kampf zu kämpfen, bliebe sie in ihrem Reich, bei der ihr eigenen Macht, bei der Magie – selbst wenn es auch Todesnähe, die Nähe zum Tod, bedeutete.

Schwarze Göttin.

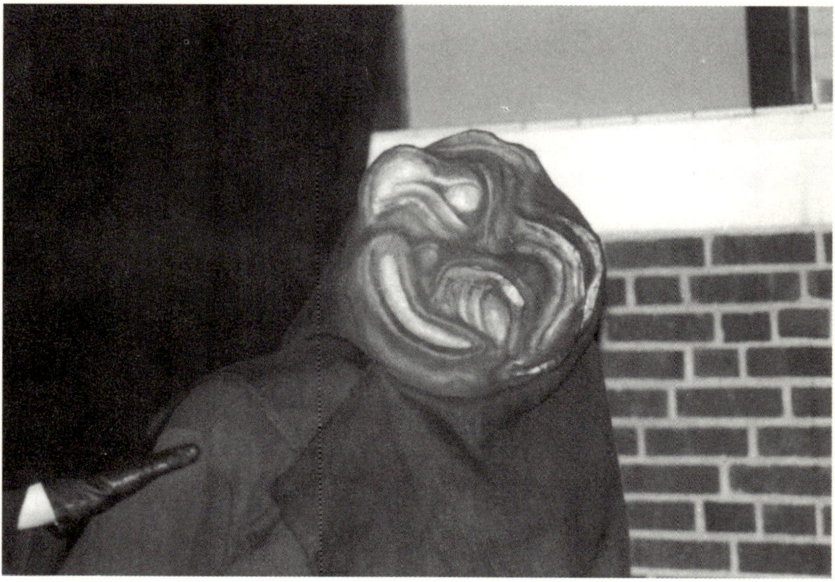

Mamala.

Die siebte Maske: MAMALA
entstanden in dem Seminar ‹Distanz und Nähe›

Es ist Herbst geworden. Eine dunkle Maskengestalt entsteht: Mamala. Ihr braunes Gesicht zeigt viele tiefe Falten und Furchen. Das eine Auge ist fast geschlossen. Die Stirn, die sich im schweren Augenlid verdichtet, schiebt sich darüber. Der breite Mund, zu einer Seite hin schmaler werdend, möchte lachen, doch er ist verzerrt, wirkt fast wie ein Grinsen. Mamala ist müde, sucht Ruhe nach vielem Kämpfen und Kämpfenmüssen. Sie möchte am liebsten ruhig auf dem Boden liegenbleiben, sich nicht bewegen müssen, ausruhen dürfen. Sich dieses zu gönnen, fällt ihr schwer. Denn – ihren Ansprüchen entsprechend – müßte sie etwas tun, aktiv sein! Das Bedürfnis nach Ruhe wirkt sich so aus, daß Mamala keine Lust hat zum Maskenspiel. Nur andere treten mit ihr im Spiel auf.

Die achte Maske: JUNGER STIER
entstanden in dem Seminar ‹Meine Maskenfamilie›

Nach einem langen, trüben Winter, als es dem Frühling und der wiedererwachenden Natur entgegengeht, wird der Junge Stier geschaffen. All die brachgelegenen und sich nun sammelnden Energien, all die aggressiven Kräfte und ihr Drang nach Bewegung und Aktion gehen in diese Gestalt ein: kräftige, leuchtend rote Farbe der Maske, gelbe Hörner, schräg nach unten stehende Augen mit gelben Pupillen in schwarzen Dreiecken, kräftige, aufgeblähte Nüstern und ein aufgerissenes Maul mit heraushängender schwarzer Zunge.

Waren bei den Maskengestalten der Augomunda, der Schauwaruwa, der Huaranca und der Schlangenblume nur die Münder rot, so ist es nun der gesamte Kopf.

Wenn der Junge Stier in Aktion tritt, ist er nur noch Bewegung, Tanz, im Rhythmus der Musik pulsierende Energie – immer wieder neu, bis zur Erschöpfung. Diese Energie braucht zu ihrer Entfaltung den gesamten Raum der Bühne.

Junger Stier.

Eine andere Gestalt kann nur kurzfristig dazukommen; so der junge Torero, mit dem der Stier spielt, solange er Lust hat, um dann wieder allein den Raum einzunehmen.

Im Masken-Straßentheater ‹Exodus›, auf dem Kirchentag 1986 in Düsseldorf, spielt der Junge Stier in der Schlußszene des Stückes diese Rolle voll aus, unter dem Motto: ‹Laßt mich Grenzen überschreiten, damit ich wieder leben kann.› *(Ute Zydek)*

IX.
Die Maske als heilender Ausdruck des menschlichen Organismus

Diese abschließenden Gedanken über körperliches Heilen in der Maskenarbeit sind ein Ausblick, der sich uns nach über zwanzig Jahren Maskenpraxis aufzeigt und zum Weiterdenken anregen soll. Wir machten die Erfahrung, daß auch körperliche Beschwerden in der Arbeit mit Masken gelindert wurden oder sich auflösten. Menschen, die unter Anleitung körperliche Schmerzen oder eine Krankheit im Malen, Tonformen und in Masken ausdrückten, erlebten zum Beispiel, daß sich ihre Symptome zunächst für kurze Zeit verschlimmerten und dann schwächer wurden oder verschwanden.

Dazu der Bericht einer Teilnehmerin:

Meine Heilungsmaske BUGRADIA
Du bist entstanden wegen meines verbogenen Rückens, meiner Wirbelsäule, die ihrem Namen Ehre gemacht ht, anstatt eine Kette mit beweglichen Gliedern zu sein.

Ich wurde gebogen, wie andere mich wollten und meine Haltung zu mir selbst versteifte sich.

Dann wurdest Du für mich gebaut, Bugradia. Du bist gradlinig und nicht starr, erotisch schaust Du aus mit Deinen Busenaugen. Du hast Power in Dir und zeigst die nach außen. Du stehst zu Dir.

Dies alles entdecke ich nun an mir, Du rufst es in mir wach. Meist stehst Du neben meinem Bett und hauchst Deine Kraft in mich hinein, wenn ich liege. Manchmal lege ich meine Hand auf Dich oder halte Dich vor meinen Bauch und spüre, wie Deine Energie in mich hineinströmt. Ich werde immer gradliniger und dabei beweglicher. Meine Wirbelsäule richtet sich wieder auf. Mein Fühlen und Denken erweitert sich, wie meine Haltung insgesamt. Ich danke dir.

Zunächst einmal ist das Formen einer Maske das gestalterische Arbeiten mit Töpferton. Gerade beim Umgang mit diesem Ton sind

Bugradia (Bildlegende zu S. 196).

dem Formenreichtum keine technischen Grenzen gesetzt. Ohne Einschränkung oder Behinderung können die Hände gestalten, was sich von innen heraus ausdrücken will. Aus energetischer Sicht geht beim Formen einer Maske ein Teil der radiästhetisch meßbaren Ausstrahlung eines Menschen in das Material und in die Gestalt der Maske hinein. Dabei handelt es sich um Strahlung, die der jeweilige Organismus gespeichert hat und nun über den Körper als Sender wieder abgibt. Oft ist hohe Strahlungsintensität Ausdruck eines Ungleichgewichts im Energiehaushalt.

Unter spezieller Anleitung beim Maskenformen ist es möglich, den Ton mit der eigenen ungleichgewichtigen Energie aufzuladen, die störende und belastende Energie auszudrücken und sich selbst dabei zu entladen. Auf diese Weise können manchmal körperliche Krankheitssymptome wie z. B. Schwellungen an Gelenken, Nebenhöhlenentzündungen usw. im Körper erlöst werden. Wenn man Krankheit als körperlichen Ausdruck einer organismischen Störung betrachtet, ist es vorstellbar, daß eine solche Störung auch auf eine Art und Weise ausgedrückt werden kann, die den Körper entlastet. Das Ungleichgewicht wird über die Maske ausgesondert, und das Gleichgewicht kann sich wieder einstellen. Das ist natürlich nicht so einfach, wenn dem Krankheitsprozeß ein tiefgehendes Lebensmuster zugrundeliegt.

Ein Arzt hatte z. B. ein geschwollenes Knie und fürchtete nach verschiedenen Bemühungen an einem operativen Eingriff nicht vorbei zu kommen. Einige Stunden arbeitete er dann über Malen und Formen an dem Thema seines Knies, bis die Tongestalt fertig war. In der ersten Woche danach verschlimmerte sich sein Knie und dann ließ die Schwellung nach. Nach ca. 3 Wochen war sein Knie wieder in Ordnung.

Physikalisch wirkt eine Maske, die mit der im menschlichen Körper vorhandenen Energie aufgeladen ist, durch ihre Spiegelschwingung. In der Hochfrequenzphysik gilt das Gesetz, daß eine Sinuswelle durch eine um 180 Grad phasenverschobene Spiegelschwingung gelöscht wird. Dazu passen auch unsere Beobachtungen, daß sich beim

Maskenformen häufig die Polarisation der Strahlung im Energietransfer vom Menschen auf die Tonmaske umkehrt. Solch ein ausgleichendes Arbeiten ist auf der energetischen Ebene zeitlich schon möglich, lange bevor eine Krankheit körperlich ausbricht.

Magnetopathie ist eine europäische Heiltradition, die sich der Energieübertragung bedient. Nomadische Heiler in Europa kannten dieses Phänomen und nannten es ‹Maske des Ausgleichs›. Es wurde als magnetopathische Übertragung aufgefaßt. Aus dieser Tradition ist auch bekannt, daß die heilende Maske zerstört werden muß, wenn der Mensch sich wieder im Gleichgewicht befindet.

Nach bisherigen Erfahrungen genügen physikalisch sehr geringe Energiepotentiale, um umfangreiche Heilungsprozesse einzuleiten. Dies kann geschehen, weil der auf diese Weise entlastete Organismus seine Selbstregulierungskräfte wieder ausreichend einsetzen kann.

Der Umgang mit der Maske ist so alt wie die Menschheit selbst. Die verschiedenen, hier in diesem Buch angesprochenen Themen sehen wir als Beitrag, altes Wissen mit einem neuen Verständnis über Mensch und Natur in Einklang zu bringen und dadurch die Maske in ihren verschiedenen Dimensionen zu begreifen und zu erleben.

Kontaktadressen

Harald Klemm
Sophienstraße 3
D-45130 Essen

Reinhard Winkler
Schulstraße 3
D-38170 Schöppenstedt

Auf Wunsch schicken wir Programme unserer Projekte und Seminare zu.

Bettina Egger

Träume malen und verstehen

‹Wir wollen nicht die Träume selber malen, sondern etwas an deren Rand, es bringt nichts, den Traum möglichst genau zu illustrieren, ihn so zu malen, wie man ihn gesehen hat›, sagt der Psychotherapeut Jörg Merz, Bettina Eggers Kollege, mit dem sie die Kurse ‹Träumen und Malen› durchführt.

Von Kurs zu Kurs haben sie mehr über das Wesentliche des Umsetzens von Traumbildern in gemalte Bilder erfahren, sind sie zunehmend näher an den Kern der Sache gekommen, näher an die ganz persönliche Mitteilung der Träume. Sie fühlten so auch immer präziser, wie man mit Träumen arbeiten kann. Das menschliche Hirn schreit dauernd nach Erklärungen. Warum und wie funktioniert unsere Traumarbeit? Was hat sie mit der Hinstruktur zu tun? Wie wirkt sie sich auf das therapeutische Geschehen aus? In Kursen, im Malatelier oder in Gesprächen hat die Autorin neue Methoden für die Bearbeitung von Träumen entwickelt, die ein erweitertes Verstehen des Traumes ermöglichen.

Bettina Egger

Der gemalte Schrei

Geschichte einer Maltherapie

«Eindringlich zeigen die abgedruckten Bilder und die Kommentare der Maltherapeutin Bettina Egger, wozu die Maltherapie fähig ist: verschüttetes Wissen sichtbar zu machen und die heilende Kraft der Bilder zu aktivieren.
Im Mittelpunkt stehen die Bilder von Lynn, die in ihrer Kindheit sexuell missbraucht wurde, den Inzest jedoch verdrängte. Selbstgemalte Bilder sind eines der passendsten Mittel, an Informationen zu gelangen, die mit Worten nicht ausgedrückt werden können. Gemeint sind Bilder, von denen sich die Malenden während des Entstehens führen lassen, denen sie sich anvertrauen.» Standbein Spielbein

Silvia Jacobi
Sinnlicher Alltag

Warum und wie funktioniert unsere Traumarbeit? Was hat sie mit der Hinstruktur zu tun? Wie wirkt sie sich auf das therapeutische Geschehen aus? In Kursen, im Malatelier oder in Gesprächen hat die Autorin neue Methoden für die Bearbeitung von Träumen entwickelt, die ein erweitertes Verstehen des Traumes ermöglichen.

Thomas Lüchinger
Intuitiv Zeichnen

«Eindringlich zeigen die abgedruckten Bilder und die Kommentare der Maltherapeutin Bettina Egger, wozu die Maltherapie fähig ist: verschüttetes Wissen sichtbar zu machen und die heilende Kraft der Bilder zu aktivieren.
Im Mittelpunkt stehen die Bilder von Lynn, die in ihrer Kindheit sexuell missbraucht wurde, den Inzest jedoch verdrängte. Selbstgemalte Bilder sind eines der passendsten Mittel, an Informationen zu gelangen, die mit Worten nicht ausgedrückt werden können. Gemeint sind Bilder, von denen sich die Malenden während des Entstehens führen lassen, denen sie sich anvertrauen.» Standbein Spielbein

Thomas Lüchinger
Zur Besserung der Person

«Eindringlich zeigen die abgedruckten Bilder und die Kommentare der Maltherapeutin Bettina Egger, wozu die Maltherapie fähig ist: verschüttetes Wissen sichtbar zu machen und die heilende Kraft der Bilder zu aktivieren.
Im Mittelpunkt stehen die Bilder von Lynn, die in ihrer Kindheit sexuell missbraucht wurde, den Inzest jedoch verdrängte. Selbstgemalte Bilder sind eines der passendsten Mittel, an Informationen zu gelangen, die mit Worten nicht ausgedrückt werden können. Gemeint sind Bilder, von denen sich die Malenden während des Entstehens führen lassen, denen sie sich anvertrauen.» Standbein Spielbein

Beat Frutiger
Schminke, Maske, Körperkunst

Schminke kann das Wesen eines Menschen nach aussen repräsentieren – oder völlig ins Gegenteil verkehren. Es gibt viele Möglichkeiten, Farbe auf den menschlichen Körper aufzutragen, «Schön-Schminken» ist nur eine davon. Weit vielfältigere Ausdrucksformen bieten Typen-, Charakter- und Alt-Schminken. Kommt die Arbeit mit plastischen Materialien hinzu, erweitert sich der Anwendungsbereich um Spezial-Effekte wie Narben, Brandwunden und Horrormasken. Die Krönung der Schminkkunst aber ist die Körpermalerei. In oft stundenlanger Arbeit wird ein Modell mit Farbe bekleidet, wird mit Schminke ein Kunstwerk auf den nackten Körper gemalt.

Beat Frutigers Werkbuch entstand in seinen Schminkkursen und aus dem Bedürfnis, für die KursteilnehmerInnen anschauliche Unterlagen und Lernhilfen zu schaffen. Zahlreiche Studien, Zeichnungen, Kopier- und Lernhilfen laden zum Nachmachen und Experimentieren mit Schminke ein, detaillierte Arbeitsanleitungen sagen, wie es gemacht wird, und bieten Grundlagen für die Verwirklichung eigener Ideen.

Rüdiger Stiebitz
VideoPossen

«Leichtverständlich, präzise, gibt Rüdiger Stiebitz Anregungen zum kreativen Umgang mit dem Fernsehbildschirm, macht das ungeheure Simulationspotential des Mediums Video offensichtlich. Ein ungeheurer Spaß, dem nicht nur Kinder und Jugendliche an einem düsteren Dezembertag mit Begeisterung aufsitzen. Als Werkbuch eignet sich VideoPossen jedoch auch ausgezeichnet als Grundlage für einen möglichen Medienunterricht in der Schule. Das Spiel mit Klang, Sprache, Körper, Kamera und Requisiten führt die Schüler und Schülerinnen mit Leichtigkeit in die Eigenart elektronisch vermittelter und übermittelter Ereignisse ein. Stiebitz setzt ganz auf den Lerneffekt des Spielens. Resultat: Ein Werkbuch voller Einfälle, das zu immer neuen Einfällen anregt.»
Stehplatz

Jeux Dramatiques

Ausdrucksspiel aus dem Erleben

«Auf rund hundert Seiten bringt das originell gestaltete Werkbuch praktisch erprobte Anleitung für Einstiegsspiele (Einführungsspiele zu den Jeux Dramatiques) und rund zwanzig protokollarisch geschilderte Ausdrucksspiele mit und ohne Textvorlagen oder zu bestimmten Musikstücken und Klangbildern, denen im Anhang eine ausführliche Liste weiterer geeigneter Spieltexte und Musikvorlagen beigegeben ist. Der mit Szenenfotos reich illustrierte Band ist zur Zeit wohl die beste Einführung in die Technik der Jeux Dramatiques.» *SLZ*

Heidi Frei

Jeux Dramatiques mit Kindern

Die Autorin befaßt sich mit der Spielpraxis in Kindergarten, Spielgruppen, Schule und Freizeit. Es ergänzt das erste Buch und richtet sich an alle Lehrkräfte, ErzieherInnen und Eltern, die mit jungen Menschen im Alter von 5 bis 12 spielen möchten. Arbeitsblätter geben Hilfe für Vorbereitung und Durchführung verschiedenster Spielformen und -ideen sowie methodische Tips.

Fotos von Ursula Markus zeigen, wie tief und vielfältig das Erleben der Kinder im Ausdrucksspiel sein kann.